當孩子憂鬱和焦慮
成為他的
好隊友

出版序

成為他安心信賴的依靠

張博雅（董氏基金基金會董事長）

一九九九年，董氏基金會第一次針對台灣青少年的憂鬱程度進行調查，結果顯示有84.2%的青少年曾經感到憂鬱；每天都會感到憂鬱者佔15.3%。二〇〇一年起，我們開始應用青少年憂鬱情緒自我檢視表作為測量青少年憂鬱程度的工具，該年起直至十多年後的調查皆呈現相近的結果，平均每五位青少年有一位有明顯憂鬱情緒需專業協助。二〇一八年的調查結果則是憂鬱青少年比例降低，有明顯憂鬱情緒需專業協助的青少年為每七人中有一人。然而，二〇一九年年末新冠肺炎疫情爆發，兩年多來的封城及各種防疫措施影響，使青少年罹患憂鬱症及焦慮症比例增加；國外的多項研究均指出，青少年憂鬱和焦慮現象比疫情前嚴重，甚至罹患比例增加一倍以上。

因應日益嚴重的青少年心理健康問題，許多國家都推出處遇防治策略，在美國，由許多公衛預防、醫學及護理專家組成的「美國預防服務專案組」甚至建議，應對十二至十八歲的青少年進行憂鬱症篩檢，及對八至十八歲的兒童和青少年進行焦慮症篩檢，希望達到及早發現及早治療的效益。在台灣，除了政府積極推動學生自殺防治及心理健康促進計畫之外，許多民間團體也提供各式促進青少年心理健康的服務方案，兒童青少年能透過學校體系、網路資源等找到協助管道，只要他開口求助，必然能獲得及時的對應幫助。

董氏基金會心理衛生中心於二十一年前即針對青少年憂鬱症防治進行各式預防宣導教育工作，包括研製和推廣憂鬱情緒檢測量表、憂鬱檢測ＡＰＰ、各式憂鬱防治及心理健康促進教案、手冊、影音及設計教案課程，於校園進行憂鬱情緒主題講座、工作坊、營隊，並首創心理健康促進網站，提供線上諮詢服務等等。多樣化的內容與管道，讓兒童青少年更容易接觸這個與自己切身相關的重要議題，從教師、醫師、心理師等合作夥伴的回應中，我們獲知現在越來越多青少年不再那麼避諱談情緒困擾，也嘗試求助，但是，如果他們告訴身邊的大人卻沒有獲得相對的回應與認同，會因此退縮告知與不開口求助，對治療與恢復也抱有存疑。

因此我們特別出版《成為他的好隊友：當孩子憂鬱和焦慮》，想讓所有的大人了解青少年憂鬱和焦慮現象的普遍性，以及會面臨哪些挑戰。不是否定心理疾病的存在就可以避開，當然更不能視而不見。本書能讓父母與師長都更了解如何與孩子建立正面的溝通互動，及予以心理健康促進干預措施，能夠幫助孩子減少因壓力事件而引發的憂鬱或焦慮。同時，也希望藉由本書提醒，若兒童青少年深受憂鬱和焦慮之苦，不是急著提供他們怎麼復原的建議，安靜與傾聽的陪伴更重要，願我們都能成為孩子安心信賴的依靠。

策畫序

情緒漩渦中的安慰

文／朱英龍（前臺大機械系教授、董氏基金會心理健康促進諮詢委員）

從多年前開始，我即加入董氏基金會憂鬱症防治工作諮詢團隊，曾經多次參與相關主題教育講座、推廣記者會、倡議宣導活動，參加學生、教師及家長們的反饋及熱烈回應，我至今仍印象深刻。

記得在二〇〇四年，董氏基金會舉辦「ㄏㄨㄚˋ心情—憂鬱情緒紓解」兒童青少年繪畫創作徵選活動，鼓勵兒童青少年畫出用什麼方式面對、分擔、紓解或改善憂鬱情緒。除了讓孩子思考情緒對自己的意義與影響，同時也傳達用畫畫或創作作為紓解壓力的方式。其中一幅特優作品「頭髮爆炸的那一天」，圖說寫著：「頭髮爆炸的那一天。大人說我得了小腦萎縮症，我的手沒力氣、會發抖，這幅畫分四次畫了六小時完成，下次我要畫開心的我。」這個孩子的媽媽於頒獎記者會上對基金會舉辦此徵選活動表達了深深感謝。她說，陪伴孩子學習與成長的漫長過程，讓夫妻都身心俱疲，先生最終選擇了放棄，她仍堅持著陪孩子走下去，獲獎對她與孩子來說是相當大的肯定與鼓勵，讓她振奮，擁有持續陪伴的勇氣。

這麼多年以來，兒童青少年面臨的壓力絲毫沒有減少，升學課業、人際互動、個性特質，甚至還多了網路使用、社群媒體的影響，因而陷入憂鬱或焦慮之中。也代表著為人父母、教師、或其他家庭照顧者陪伴孩子成長的過程，必須面臨更多元快速的變化與挑戰。幸而，兒童青少年心理健康促進的議題有越來越多單位投入與關心，有許多資源可尋求協助，能夠減少因為不了解、不知所措面臨的許多碰撞。但是，最重要的是，當面臨這樣的情境時，陪伴者不要陷入自責、丟臉的情緒，願意開口求助、也要信任身邊可予以協助的資源。

我曾經陪伴患有憂鬱症的親友多年，也有一心只想傾盡全力陪伴的階段，但是後來我發現，若沒有先覺察自我狀態、沒有緩解自身壓力、沒有照顧好自己，很難陪他走得長遠，因為陪伴者的身心沒有安頓好，很容易捲入那強烈的負面情緒中，一起被淹沒。

董氏基金會出版的《成為他的好隊友：當孩子憂鬱和焦慮》，除了真實呈現青少年深陷情緒困擾時，會出現的反應與行為，也提醒我們要注意在這些異狀表現的背後，可能隱藏著什麼樣的因素。從本書中也看到這些青少年們最終度過艱辛難熬的時刻，分享父母、師長信任自己、不放棄自己的感謝。也是讓所有陪伴者知曉，也許正著急於不知道他／她何時能康復、但要相信一定有見到藍天的時刻。不論是陪孩子成長，或是伴憂鬱和焦慮的孩子復原都需要漫長的時間，不要默默承擔，忽略了對自己的照顧。也期望這本書傳遞給所有陪伴者的不光是知識，能夠在其陷入沮喪無措時刻時，成為一股安慰的力量。

推薦序

相信孩子有復原的能力

文／姚思遠（董氏基金會執行長）

「虎爸虎媽」、「直升機父母」的教養模式相信許多人都聽過，這兩種育兒法對孩子個性形塑與對身心成長的影響也時有所聞。然而，你知道近年有個影響更甚於「直升機父母」，稱為「除草機父母」（Lawnmower Parents）的養育方式嗎？

「除草機父母」是由美國杜肯大學一位助理教授Karen Fancher提出的用詞，形容父母就像是除草機，搶先在孩子前頭除去所有的障礙；不希望孩子遭遇任何的不適應、壓力或挫折，造成生活與學習上的問題，急於干預或管理他們的生活與所有行為，因此，孩子還來不及學習怎麼處理問題與克服挫敗，父母就已經先幫其排除，導致他們無法發展出解決問題的能力，進而自信心低落；遭遇壓力事件或重大改變時，也不相信自己能解決，缺少應對的彈性思維，長期累積壓力與負面情緒，容易引發身心疾病。

許多調查指出，青少年心理健康問題有日趨惡化的危機；依據《二〇一九全球疾病負擔研究》報告，造成十至二十四歲兒童青少年健康危害的主因，在一九九〇年時憂鬱症是第八名、焦慮症是第十二名；到了二〇一九年，憂鬱症升至第四名、焦慮症為第六名。不論是在歐美或亞洲國家，兒童青少年的憂鬱症和焦慮症罹患比例都逐年提高，尤其是新冠肺炎疫情爆發後更大幅上升。

兒童至成年的各階段過程中，會遇到不同的困難與挑戰，也必然會有沮喪、低落、焦慮與憂鬱的情緒；影響兒童青少年罹患憂鬱症、焦慮症的因素雖多元，卻不是無解或只能默默承受的課題，轉變的契機與關鍵要素之一是「復原力（心理韌性）」。國外多項研究已證實，擁有較好復原力的人，罹患憂鬱症和焦慮症的風險較低。就如同俗語所言：「不經一事，不長一智」，「復原力」佳的人遇到困難挫折、壓力事件時，雖然也會擔心、害怕、焦慮或難過，但不會因此一蹶不振，能順勢面對壓力、困境與變化，從經驗中學習，往後遇到相同或類似情況，更懂得怎麼應對。

復原力除了與個人先天特質有關，父母（家庭）也是孩子建立復原力的重要影響因子。董氏基金會出版《成為他的好隊友：當孩子憂鬱和焦慮》，不只有提供家長教師們陪伴憂鬱或焦慮兒童青少年的建議和相關資源，同時，也詳細介紹要怎麼幫助孩子具備復原力；如何因應不同性格的孩子引導其面對挫折與建立復原力。教他們在因應壓力事件的過程中不斷地調整自己的想法，擁有彈性思考，就能讓其心理健康維持良好狀態，不會立即深陷憂鬱或焦慮症狀而無法脫身。

讓兒童青少年能從容自在地面對變化多端的社會環境，父母可以做的預防因應就是創造一個穩固的家庭保護因子，幫助孩子建立與發展自己的復原力；每個孩子都有復原的能力，一直擔心他們受挫、幫著掃除所有的障礙，對其心理健康促進並無助益。不如試著覺察他們的需要，給予時間嘗試與練習自己解決，祝福與相信孩子的復原能力！

目錄

成為他的好隊友——當孩子憂鬱和焦慮

I

正值青春的他／她總是苦著臉

憂鬱和焦慮的青少年顯現的行為並不是藉口，
他的大腦裡有很多不安，影響了認知和行為。
先理解他的挫折，
幫助他建立符合現實感的期許。

1-1 依賴網路人際互動的另一面

諮詢／黃湘怡（學校心理師）
文／鄭碧君

當孩子過度沈溺於網路世界，要注意可能是現實生活面臨適應困難、人際關係受挫的表現。

因為爸媽須返鄉照顧祖父母的關係，宜婷在國小六年級時轉學，來到一個偏遠的小農村。積極想融入新團體的她，一開始會用比較強勢的方法企圖和同學打成一片，卻總是引發小小的不愉快；每當試著加入同儕間的談話時，聊著聊著，宜婷又覺得自己被揶揄攻擊、不受他人歡迎了。為了釐清箇中原由，宜婷還會直接詢問同學事件發生當下對她的感覺，但依舊得不到一個答案。升上國中後，同樣的問題持續困擾著她。

同儕交往不如預期，轉而發展戀愛關係

想要結交朋友、與人產生互動連結的渴望，促使宜婷轉而尋求老師的協助。初期在師長介入下確實得到些許改善。不過時間一久，宜婷容易衝動、比較自我的特質，又導致其人際關係回到她所描述「沒有朋友」的狀態。

無法獲得自己理想中的友誼，宜婷遂將盼望寄託在與異性的交往上，未料接下來又飽受失戀的痛苦。關係的破裂，再次令她產生受傷、不被愛的感受。每到傍晚，宜婷常易因情緒低落躲在房間哭泣，或整天流連於網路世界，以致晚上睡眠不佳，白天又疲累想睡覺。

漸漸地，班級導師也察覺到宜婷的異常，「上課經常恍神、打瞌睡，對團體參與不感興趣，整個人看起來也沒什麼活動力。提到課堂活動或和同學相處的情形時，她也會抱怨別人就是不喜歡她⋯。」導師遂將宜婷帶至輔導室進行會談，但往往只要宜婷感覺該位輔導老師並不理解她、沒有站在跟她同一陣線時，她就會要求換另一位輔導老師。

真實世界的嚴重匱乏，在網路世界獲得認可

直到校內輔導老師都已換過一輪，加上發現宜婷手臂內側竟有數道被劃上的傷痕，老師便轉介給校方合作的專業心理師。

剛開始諮商時，宜婷對於與自己狀態的相關問題，通常都以「不知道」、「不清楚」做為回應，大半時間都在談論別人待她不友善的行為。「家裡也沒有人愛我啊！」也說到她在家排行老大，爸媽重男輕女，特別疼愛弟弟。

但是一提及網路，她便顯得格外有自信，「你知道嗎？網友都叫我宜婷姊，我還幫他們『處理』事情耶！」自認已在真實人際關係中盡了最大努力，卻沒辦法看到令她滿意的進展，宜婷逐漸習慣在虛擬世界中建構友誼。言行之間透露著大姐頭性格的她，甚至還為網友排解人際糾紛，覺得自己的能力終能獲得展現。然而，畢竟青少年處事尚不成熟，有時難免擦槍走火，其中一次還差點引發持相反意見的網友欲糾眾打架的衝突。

不穩定的人際互動，來自依附關係中的不安全感

經過一段時間與心理師的晤談之後，宜婷在技巧性的引導之下，越來越能覺察自我，她可以把焦點從外在對周遭環境的憤怒與不滿，轉回頭來看自己的內在狀態，並漸漸說出自己看待過去那些事件的想法，以及本身的情感需求等。宜婷因覺得在家中不受重視，加上爸媽傾向權威式的教養風格，還有害怕被責罵的心理等，使她下課回到家後，很少向家人分享學校生活，即使感到脆弱、難過，也不想被別人發現，直到事態變得嚴重或覺得異常痛苦時，才會向父母求助。也因此，每當宜婷尋求協助時，爸媽總是難以理解為什麼事情會發展到這種地步。

後來在心理諮商的過程裡，宜婷意識到自己可能罹患憂鬱症了，心理師根據DSM－V手冊憂鬱症的診斷準則，也發現宜婷幾乎已達到診斷上的指標。但是，一來礙於偏鄉醫療資源不足，二來由於父母對疾病有所誤解，宜婷在接受諮商的第二年仍未就醫。「我曾經跟媽媽要求想去看醫生，可是她覺得應該沒有那麼嚴重，還說會不會就診拿了藥吃以後，從此就變成精神病了。」

了解宜婷雙親的擔憂之後，心理師遂耐心向他們解釋由醫師評估的重要性，以及除了使用藥物緩解症狀之外，想法、環境與生活上的調整，還有周遭關係的支持等，都是治療的環節。在詳細說明並不斷給予鼓勵後，宜婷的媽媽終於打破成見，決定盡快陪伴宜婷就醫。

想和你說

學校心理師黃湘怡說明，大多數人以為罹患憂鬱症的人，看起來應該都是鬱鬱寡歡的模樣，其實青少年的憂鬱，常以「不滿」、「憤怒」為表現；此外，受限於情緒上的困擾，孩子有時難以具體說出他想做什麼或需要什麼。還有，國中時期的青少年在憂鬱症判斷上，有時不是那麼容易，因為他們正面臨青春期荷爾蒙的變化，其臨床上的呈現，是由於內分泌不穩定才導致有憂鬱情緒，或是已達到憂鬱症，兩者間易產生混淆，判斷關鍵在於症狀的輕重。若症狀已持續兩週以上，且明顯影響到生活功能時，就有可能是憂鬱症。

所以當大人發現孩子與過去不太一樣，例如有以下狀況，且持續一段時間時，應陪同他就醫，以釐清狀況。

- 情緒低落
- 明顯對事物失去興趣
- 體重下降或上升
- 嗜睡或失眠

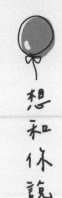

- 動作遲緩
- 容易疲倦或失去活力
- 無價值感或有強烈罪惡感
- 注意力不集中或猶豫不決
- 經常出現負面（自殺）想法

當孩子確診為憂鬱症，父母要了解這可能會持續一段不短的時間，除了必要時刻陪同前往就醫外，相處時宜盡量多傾聽、不批評，一起去理解家中兒女究竟發生了什麼事、心中在想什麼。尤其應避免催促、比較、責罵性的回應，像是「趕快好起來」、「怎麼又來了」、「你就是想太多」、「不要再想了」、「怎麼別人都好好的」⋯。同時也建議父母應和學校較密切協助孩子的人，例如輔導老師或駐校社工師、心理師等，保持溝通與討論。

此外，行動裝置和網路的普及，對我們的生活與社交帶來很大程度的影響，特別是e世代的青少年，既可藉此學習、探索新事物，也是拓展人際的重要工具。但也要注意，當孩子過度沈迷於網路世界，可能是現實生活面臨適應困難、人際關係受挫的表現。

1-2 一考試就拉肚子的夢魘

諮詢／陳玉芳（新北市立中和高中輔導主任）
文／黃苡安

焦慮的孩子內心隱藏著過度在乎的擔憂，先理解他的挫折，幫助他建立符合現實感的期許。

教室一片靜默，窗外偶爾傳來鳥兒啁啾。俊培內心卻有如熱鍋上螞蟻。這堂英文段考才開始十五分鐘，他就在答案A或B之間陷入選擇障礙，此時，一陣熟悉的腹痛如土石流般襲來，他心裡OS「又來了！」悻悻然放下考卷，他快步奔去廁所……

一考試就拉肚子，已是俊培的日常。這個症狀早在國中即出現，父母帶他看遍腸胃科、小兒科，做過各項檢查，在排除生理因素後，醫師推測可能是心理壓力所導致的焦慮，牽動腸胃不適，於是他陸續又看了免疫科及身心科，經診斷為焦慮症，一直就醫讓俊培很疲憊，「為什麼我都有吃藥，還是不舒服？」

腸胃不適使他無法完整考完一堂課，這種情形到高中更變本加厲。

考試當下的不安，影響認知和行為

俊培的焦慮來源主要與課業表現有關，也焦慮他人如何看待自己，而且他很不適應高中生活，在人多的場合常覺得緊張、透不過氣。讓師長想不通的是，他看起來有認真讀書，卻總是考低分。

輔導老師和俊培晤談後，發現原來在考試當下，他的大腦裡有非常多的不安，以至於影響認知和行為，例如某個大題，他希望能全對，如果有一點不確定性，他會整大題放棄不寫；又或是，因為怕遺漏任何細節，他讀題目讀得很慢，往往無法在時間內完成做答。

「那你國中時也會這樣嗎？」

「國中時，我記得我都考很好。」

國、高中課業難易度差別非常大，高中教材加深加廣，教學速度也加快，俊培沒辦法像國中時可以應付得那麼好，這帶給他很大的挫折。

考零分背後的堅持

俊培如此追求完美，若整大題放棄做答，可能二十、三十分就沒了，加上其他題目再答錯，分數恐怕會很難看，這不是與他的追求完美牴觸嗎？

新北市立中和高中輔導主任陳玉芳表示，一般人覺得三十、四十分總比零分好，但這樣的孩子認為，拿三十、四十分就代表有答錯的地方，他們的邏輯是，「如果考零分，只是我選擇不寫，不能證明我不會。」「如果我答錯了，就證明我真的不會。」

那他們不會的題目，事後會彌補弄懂嗎？

陳玉芳主任語重心長說：「焦慮的孩子內心對自我要求高，也期許自己理解學習內容，但常常經驗到期待與現實之間的落差。若是發現自己的表現出了差錯，或有瑕疵時，寧可全盤放棄，因為如果不去試，就不會失敗。」

「我們從來沒要求他的成績。」「不知道他為何自我要求這麼高？」是父母常有的反應，但孩子的認知卻和父母不一樣，「我考高分時，他們顯得比較開心。」「我曾因為考前三名，得到夢寐以求的獎品。」「父母會跟親友炫耀，說我考第一名。」從這些反應，孩子得到的結論是，雖然爸媽沒有明講，但我知道他們希望我拿好成績。

生病不是藉口，理解他的挫折

「老師，他是真的壓力很大，還是在逃避問題？」家長一開始遇到這種情形，往往會有這樣的困惑，他們擔心孩子不想考試，用身體不舒服當藉口，對於孩子的症狀及情緒行為，常苦於不知如何判斷。

這樣的孩子也很敏感，他們感覺得到父母懷疑自己是不是在裝病，陳玉芳主任表示，她不曾聽過這些孩子因為沒有完成考試而覺得開心，事實上，他們對自己有很多的擔憂和自責，內心挫折感是很深的。透過諮商輔導，希望能幫助他們接受自己，懂得「不完美的行動，好過於完美的不行動」。

就俊培而言，他經常回想起小學五年級時，班導師對成績不好的同學有很明顯的差別待遇，看見同學被責罵或限制下課時間，他下定決心要考好成績，當個會讀書的小孩。回想起來，當時他對老師的一些要求，都是戰戰兢兢，甚至延續到高中，還是很怕考不好。

高二某次段考成績不理想，俊培憤而在教室割腕，前來關心的老師確認他沒有自殺意圖後，帶他到保健室擦藥及通知家長，進行後續處置。陳玉芳主任指出，大部分青少年自傷／自殘的目的並非想結束生命，原因可能是當下心情低落，想轉移痛苦，或像俊培因不滿意自己的表現，用自傷的方式來抒發情緒或懲罰自己，讓心理好過一些。

幫助孩子建立符合現實感的期許

高中三年俊培的病情反覆，起初是焦慮，後來出現憂鬱。一旦有憂鬱症狀，就更難有規律作息，這也導致他無法穩定就學，即便到校上課，由於害怕特定課程或班上人太多，因而心跳加速、胸悶、頭痛，讓他一刻都無法待在教室，經常上兩節課就回家，有段時間甚至必須請假在家休養，雖然學校在出缺勤及平時成績上給予彈性，但段考佔學業成績70％，還是綁死。

學校後來為俊培申請特殊教育鑑定，在成績評量上將段考比重降低、平時作業成績拉高，讓他接受個別化教育計劃，多一個升學管道。另外，經過多次輔導諮商，俊培也漸漸有了改變，以前總要求自己必須考九十分以上，慢慢地，他知道這是不容易的事，對自己的期許要有現實感，因此調整心態，「我希望這次能把考試考完。」

俊培在高三通過「情緒行為障礙」類別鑑定，以身心障礙身分考上喜歡的科系，畢業前，他寫卡片給輔導老師，感念她三年來的陪伴，「在這個世上沒人相信我的時候，謝謝老師願意相信我。」

想和你說

這段陪伴歷程，俊培的父母也很無助，為何曾經很優秀的小孩，功課突然一落千丈？當孩子考好成績時，不該表現得很開心嗎？他們也積極在醫療及飲食上協助孩子，希望他好起來，但問題不在食物，而是情緒。有些父母為全力看顧孩子，甚至連工作型態都做了很大的調整。

陳玉芳主任直言：「一味為孩子調整工作型態，未必能換來孩子的進步。」她建議，想緩解孩子的焦慮，父母需同理孩子的感受，同時緩解自身壓力，保有個人生活及社交，避免過度關注孩子的一言一行，以免為孩子帶來更多壓力。

此外，在不考試的日子裡，俊培在班上常常覺得沒有歸屬感，對分組討論也感到不安，擔心落單或無法與別人同步，尤其當他請假變多時，大家對他不了解，他對小組貢獻度也低，如果自由分組，大部分的人不會想跟他一組，跟同學會更疏離。

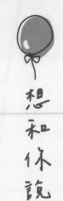

陳玉芳主任說，這時就需要一些巧思安排，適度讓學生了解，「XX同學身體健康狀況不太穩定，常生病請假，他很感謝與大家同一組，大家的接納與諒解，對他來說是很重要的支持。」這樣的引導與協助是必要的。

焦慮青少年的生活，有時像一首後製過度的歌，塞進了太多聲響，幾乎聽不出旋律，他們那困惑、焦躁、疲累的心底，隱藏著過度在乎、難以撼動的思緒及擔憂，需要被傾聽與同理。

1-3

請假成為常態的另種「拒學」

諮詢／黃雅芬（黃雅芬兒童心智診所院長）
文／黃苡安

陪伴憂鬱青少年復原的歷程，自己的心要先穩住，將憂鬱症視為一般疾病來面對，就能給予孩子需要的支持，一起克服它。

「前兩天我差點又想跳下去，還好我沒有。」慧敏查看女兒艾美的ＩＧ動態，卻看見令她震驚的獨白，她難掩激動，恨不得立刻衝去質問艾美，「妳的狀況我都知道，我也凡事都配合妳，為什麼妳還要自己消化這些情緒，不告訴媽媽呢？」

深受憂鬱症之苦的艾美，一度出現幻聽，耳邊不時有個聲音叫她「跳下去，就什麼痛苦都沒有了！」

看似平順卻爆發憂鬱症

艾美上高中後常抱怨很累、沒睡飽，殊不知憂鬱症已悄悄上門。她發病後，慧敏才知道她不是沒睡好，而是根本沒睡著，曾經一整個星期未闔眼。

艾美憑藉優異成績直升私校高中部，身處於再熟悉不過的環境，她卻在高一上學期爆發憂鬱症。慧敏回想，女兒國三時就有情緒問題，當時以為是即將參加會考，壓力太大所致，沒想過或許與同儕糾紛有關。

艾美與國中好友A女在國三時鬧翻，課業表現旗鼓相當的兩人，從閨密變競爭對手，心結一直未解，沒想到高中竟又同班。艾美想參加的社團和學生會都必須經過徵選，好巧不巧，兩人申請的項目幾乎重疊，最後A女全部錄取，艾美的排名都落在A女之後，或只是備取，她非常不能接受這個結果。

「我沒想到，A女還設法孤立我的女兒。」如果有人去找艾美說話，A女會直接點名把對方拉走。她們不僅在學校失和，打開FB、IG，大家都在談論她們吵架的事，甚至開直播，社群媒體發達造成的人際傷害是二十四小時不間斷。

情感支持系統解體埋下憂鬱種子

但情緒問題不會是單一事件造成，而是許多壓力日積月累而成。

身心科醫師協助艾美回溯創傷經驗時，發現她在更早之前有一些分離經驗，包括心愛的寵物過世、崇拜的補習班女老師突然離職、因為升高一，和情同母女的國三導師分離，三段分離經驗在一年內相繼發生。這些情感支持系統解體，加上同儕競爭屈居下風，造成人際及成就的失落，都可能是導致艾美崩潰的原因。

艾美後來交到新朋友B女，然而兩人為了「妳為什麼不等我？」之類的事情鬧彆扭，A女趁勢拉攏B女，兩人成為同一陣線，艾美在班上變成有兩個敵人。

雖然跟兩個女生鬧翻，艾美還是有其他朋友，她會和班上幾個一樣有情緒困擾的同學聚在一起。「聚在一起更糟！」慧敏說，自殘好像傳染病一樣，這群孩子裡面的C女有割腕習慣，艾美竟有樣學樣，慧敏不解，「我很納悶，割腕會痛，為什麼要學？」艾美告訴醫師，這麼做可以減輕痛苦，有紓壓的感覺。

兩個女孩同病相憐，後來變成一人不去上學，另一人也不去，要兩人一起作伴才敢到學校。直到C女的母親發現自己女兒不對勁，幫她轉學到外縣市學校，

C女離開後，艾美割腕的現象也消失了，但憂鬱和上學困難仍持續發生，尤其每年三、四、十月是憂鬱症好發期，這時天氣和濕度不穩定，很容易發病。

隔天如果要考試或有分組活動，艾美經常前一晚就很焦慮，擔心自己狀況不好，不想面對失敗，或覺得難以面對那個場面，就跟慧敏說要請假，有時則是早上起床，臨時不想去上學。

病症起伏勉力而為心更累

病情穩定時，艾美曾在IG分享抗憂鬱症歷程，鼓勵有相同困擾的人，沒想到病情又復發，艾美覺得很丟臉，「我並沒有戰勝憂鬱症，我怎麼可以又發病？一定是我有問題！」憂鬱症患者容易過度自責的特質，又開始顯現。

平靜一段時間，艾美又不對勁了。

她的專注力和耐受力不像以前那麼好，上兩堂課就覺得疲倦、聽不進去，慧敏經常上午十點多接到她的求救電話，「來載我回家！」頻率兩天一次，甚至天天上演！丈夫長期在國外經商，獨自照顧家庭和三名子女的慧敏，也有自己的壓力和情緒，她有點惱了。

「為什麼不直接請假，每天要來這招？」

「我想試試看，我覺得我可以。」

艾美其實也想努力，「我跟她說，妳可以不要努力嗎？妳明知自己做不到，為什麼要一再被打回原形？為什麼不等休息夠了再去？為什麼一直要求自己回到什麼事都沒發生過的原點呢？」

學習接納自己的情緒

慧敏和女兒約定，每周可以請一天假，但不能固定請某一天，否則課業會跟不上，也不能影響考試，她發現用這個方法，艾美可以循序漸進回到學校。

然而高二下學期，艾美休學了。私立學校每天都要考試，艾美告訴慧敏，「我念書念了一整晚，可是我什麼都背不進去。」

什麼是「我背不進去」？對一般人來說，可能是心靜不下來或記憶力差了些，但對艾美來說，這是憂鬱症的一個症狀，也是服用抗鬱藥物的副作用，會變得比較無法集中精神、影響記憶功能，她可能背了很久，發現腦袋一片空白，什麼都記不起來。

即便上學如此困難，艾美也不願休學，她擔心面臨新課綱，考不好沒學校念，也擔心與學弟妹同班，他們會怎麼看待自己？但慧敏深恐女兒走上絕路，高二下學期，堅持要她休學，將步調緩下來，重新面對自己、整理情緒，學習喜歡的語言及才藝。艾美最終慢慢找回自信，復學後跟學弟妹相處融洽。

回顧這段陪伴歷程，慧敏說：「我心裡也很恐慌，卻必須強作鎮定，去維持這一切的平衡，當她的心靈支柱，我若比她更恐慌就完蛋了，半夜我有時也會驚醒，去看她有沒有在睡覺。」

艾美從小表現就很自律，甚至在嬰兒時期就不太需要爸媽操心，她突然發病，讓慧敏感到很挫折，有段時間艾美變得很沒安全感，甚至退化到學齡前小朋友的階段，彷彿重新練習當小孩，她開始知道自己不需要這麼堅強。讓慧敏比較欣慰的是，現在艾美學會分享內心的感受，願意與情緒共處，不再認為一個人盡量不要有情緒。

想和你說

艾美因為幻聽而有尋死念頭，兒童心智診所院長黃雅芬表示，人在情緒狀況很不好，或腦力比較弱時，有時會短暫出現這種現象，只要憂鬱或焦慮狀況有所改善，尋死的念頭通常也會跟著減弱。

要改善這個症狀，**可以先幫孩子做一些生活上的調整，將生理狀態穩住**，例如：睡眠充足、健康飲食（避免咖啡因、少油少糖、多蔬果、多喝水、適量攝取營養補充品等）。再來是減壓，如果壓力來源在學校或補習班等，就要考慮適度請假在家休息，把部分壓力釋放掉，為身體爭取更多修復時間。

如果孩子願意訴說心中痛苦，可採取傾聽、不批判且同理的態度和孩子相處。若孩子透露輕生念頭，千萬不可輕忽，一定要積極就醫，找精神科／身心科醫師評估，確認後續是否需要任何形式的治療。

一路陪伴艾美歷經憂鬱低潮的慧敏，想和面臨同樣情境的家長分享：我也曾自責孩子怎麼會這樣，擔心婆家和外界怎麼看待我？其實不需要這樣，**不要污名化精神疾病，把它與其他疾病一視同仁，就有辦法面對它。**

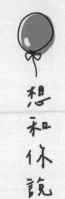

1-4

不知如何與人互動的苦

諮詢／黃琦棻（聖保祿醫院精神科醫師、宇寧身心診所兒童青少年精神科醫師）
文／鄭碧君

每個孩子都有獨特的人格特質，要耐心傾聽、不斷體察修正對造成他適應困難的思考和行為模式，陪伴他學習讓自己的特質與周遭環境和平共處。

外表斯文、帶有書卷氣息的志傑，在媽媽的陪同下來到身心科門診。

「他希望自己可以變得比較外向，更容易和別人互動，所以要求我帶他來看醫生。」媽媽説明的同時，這位十七歲的男孩，眼神一直避免和他人接觸。進入診間會談之後，志傑依然面無表情，不看醫師，話很少，音量也很微弱，令人難以理解他究竟發生了什麼事。

有苦難言的壓抑少年

初診過後，志傑維持每兩個禮拜一次的心理治療會談，從未缺席，可以感受到他內心深處其實非常渴望改變現況。儘管如此，他仍彷彿穿上一副焦慮的盔甲般，不僅說不出話，就連坐著也無法放鬆，經常呈現身體前傾、全身肌肉緊繃及雙手十指交扣的姿勢。幾次下來，會談幾乎毫無進展。為幫助志傑逐漸習慣與醫師單獨相處，醫師遂決定先從引導放鬆肌肉與冥想等練習開始。終於在治療半年後，志傑身體繃緊的狀態略有改善。治療約一年左右，隨著他願意多說一點，醫師漸能拼湊出藏在志傑心中多年的困擾。

無法自在交友的孤單，心情沒人能訴

「國中三年，我覺得很寂寞，像是被同學拋棄或是被當成空氣那樣，沒有人會接近我，簡直度日如年。」志傑坦承自己從國小階段就沉默寡言，但當時和同學的互動都還算普通。升上國中之後，他不知道該如何與其他同學交流，同學主動找他講話，志傑也往往不知怎麼回應，甚至一個字都說不出來。

難以與人順利交談成了志傑心中極為龐大的陰影，他也曾試著向爸媽求助：「我覺得上了國中，很不快樂……」，未料話還未說完，隨即迎來一番說教，從此他只能將煩惱藏起來，不願意再跟任何人討論了。升上高中之後，同學間相處的氣氛相對比較友善，但志傑大多數時間仍選擇獨處，不跟其他人建立關係，每到下課時間總是趴在桌上假裝睡覺。

雖然志傑內心十分焦躁，但一直都把情緒隱藏得很好。在爸媽眼中，他是個配合度相當高、非常聽話的孩子。媽媽回憶志傑國中時期對父母發出的求救訊號，承認自己當時並沒有意識到孩子竟有這麼大的恐懼：「我當下只是覺得，他既然碰到問題，就要想辦法解決，所以很直接的建議他要敞開心胸、別想太多，沒注意到要先照顧到他的心情。」所幸，爸媽後來在陪伴志傑諮商的過程中，也不斷修正和孩子相處的方式，學會先傾聽，等志傑說完後，再詢問他是否需要大人的建議，當孩子認為有需要時，父母再提出意見。

學習自我覺察，跳脫情緒困境

約莫到高三下學期，志傑接受會談治療已有一段時間，他已能夠在爸媽或醫師面前表達自己的想法和情緒。儘管在和他人互動、對話時，還是會感到很焦慮，但漸漸也能跟同學培養較為正面的互動，譬如下課一起打球，或運動後一起去吃點東西等。眼看志傑好不容易跨出一大步，一張通知單的到來卻又將他擊倒。

不打算繼續升學的志傑，在畢業後沒多久收到了兵單，自此情緒又變得焦躁不已，晚上睡不著，白天也無法專注於自己該做的事，甚至連基本的清潔盥洗都拋在一旁，連著好幾天不洗澡、不洗頭。大多數的時間，志傑都在上網、打電動，有時還會透露對未來感到絕望、生活沒意義等想法。經過爸媽努力安撫，志傑仍不見好轉，考量他的情緒已嚴重影響日常生活，醫師遂開立抗憂鬱藥物予以治療。

待志傑的狀況稍微穩定下來之後，他這才說出令他擔心害怕的事情。「軍隊裡一起吃飯、洗澡、體能訓練，這些大家都會參與的活動，我覺得自己應該應付得來，但是其他自由時間，我就不知道要怎麼跟別人互動、聊天。」

所謂危機也是轉機，經歷這次事件後，志傑終於體認到情緒變化對行為所產生的影響，也對自己的狀況有了覺察能力。透過醫師引導的認知行為訓練，他發現自己對於某些事件反映出來的情緒和行為，其實是過了頭或不符現實的，也能嘗試去尋找其他替代性的想法或相對應的措施。

現在的志傑還是經常感到焦慮，容易為了生活中的小事緊張、煩惱，但是和過去相比，卻有了很大的不同：原本指數達到十分的焦慮感，現在降到約二至三分的程度；並且在焦慮緩解後，他會試著找出方法解決困擾，而非「什麼都不做」一味的逃避退縮。同時，相較於以往必須有十足把握才採取行動，現在的他也更能鼓起勇氣嘗試未曾接觸過的人事物了。

想和你說

對正在尋求認同的青少年來說，大多數人參與社交活動時，不免都會出現害羞的情緒，但最終都能適應，並享受和同儕相處的樂趣。可是，有一部分害羞的青少年可能就會避開某些社交場合，或比別人需要花更長的時間適應新環境、結交新朋友。甚至有些孩子在面對社交情境或與他人對話時，因過度的害怕而持續出現焦慮的情況，或是出汗、顫抖、心悸等不適，要注意可能是患了社交畏懼症。

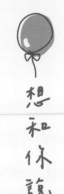

聖保祿醫院精神科醫師暨宇寧身心診所兒童青少年精神科醫師黃琦棻指出，每個孩子都有其獨特的人格特質，對造成他適應困難的思考和行為模式都需要適時地加以調整、修正。不過這樣做的目的，並不是為了把孩子改造成另一個人，而是要幫助他從中學習如何讓自己的這份特質能與周遭環境和平共存，其中父母的配合和陪伴是非常重要的關鍵。

臨床上經常碰到不少心態還沒準備好的父母，當聽到子女可能罹患情緒相關疾病時，往往難以接受，導致接下來的治療遇到障礙。特別是有些孩子的狀況已經顯著影響生活功能與課業學習，甚至是生命安全時。那麼除了會談之外，也必須在第一時間同時給予藥物治療。但有些父母聽到之後會有所遲疑，更甚者對用藥有錯誤的負面想像，還有的人從此就不來門診了，這是相當可惜的事。

提醒家有情緒困擾青少年的爸媽，當對治療方式與用藥有疑慮時，都應該和專業醫師好好討論溝通，切莫延誤協助孩子的時機。

1-1-5

起床困難到校睡覺的「青春叛逆」

諮詢／林佳玲（新北市立板橋高中輔導老師）
黃雅芬（黃雅芬兒童心智診所院長）
文／黃苡安

青春期發展是漸進式改變，青少年不會一夜之間變得不一樣，但憂鬱症病程可能突然惡化，落差很大，需要細心察覺孩子的變化，及早預防與治療。

對小彤而言，每天清晨就像一場噩夢。上千個爬不起床的日子，過去媽媽會幫她請假，或讓她晚一點到學校，隨著父親返台定居，就沒這麼好說話了，教養觀念較傳統的小彤爸，直覺認為女兒想逃避上學，「妳越想逃，我就越不放過妳」，在叫不起床又無計可施的情況下，小彤爸會硬拉她起來。小彤對父親粗魯的舉動很生氣，而即便到了學校，她也常常趴著睡覺。

直到導師察覺異樣，將小彤轉介到輔導室，已經是高三的事情，這時她憂鬱的狀況已經蠻嚴重，輔導老師詳細詢問後，發現小彤早在國三就有情緒困擾。

情緒問題早顯現卻未被正視

身為獨生女，小彤很嚮往有姊姊妹妹一起生活，國小畢業後，她如願進入私立住宿女校就讀，然而慢動作的她，總是跟不上同學的步調，作業常常最後一個交，也沒有要好的朋友，團體生活過得有點辛苦。國三時，她晚上經常睡不好，礙於團體壓力，白天只能勉強起床，卻沒辦法進教室，學校的處置方式只是讓她在輔導室休息，沒有通知她的家人，周末回家，她也不敢跟媽媽說。

住校生活不若想像中的美好，於是高中她選擇離家近的公立學校就讀，自由開放的校風，讓她的壓力煙消雲散，雖然身體時不時會有些不舒服，但心情是開心的。回顧國中三年過得孤單又沒自信，她說，如果可以重新選擇，不會去念私校。

課業與父母期待的壓力讓症狀更惡化

然而高二分組，學業壓力又來了，加上父母對她的期待很高，希望訓練她獨立，卻又把她當小孩，高中還幫她收拾書包，讓她有點無所適從。此時，小彤出現較明顯的身心症狀，爸媽帶她看過幾次精神科，但持續時間不長，他們不大想承認自己的孩子有憂鬱症，於是改看收費很高的自然療法（Naturopathy），這類治療通常會診斷為自律神經失調，做一些飲食上的調整。

高三面臨升學壓力，小彤的情緒問題更惡化，不僅讀書無法專注、莫名地想哭、吃東西噁心想吐，到後來一天只吃一餐，晚上特別容易憂鬱、失眠，甚至有自殺的念頭。爸媽一直無法理解，「又沒讓妳做家事，很多事也配合妳，每天接送，妳到底有什麼壓力？」爸媽覺得她抗壓性差，會用比較指責的方式對待她。

給予孩子更多彈性，漸進恢復身心健康

在輔導老師安排下，小彤開始穩定就醫及進行心理諮商，她被診斷為憂鬱症

合併焦慮，憂鬱症狀較明顯。除了與醫師晤談，她也定期和輔導老師諮商，並服用藥物控制，治療一段時間後，小彤的身心問題慢慢獲得改善，到學校的時間變得比較長。期間老師也邀家長到學校，由醫師協助衛教，讓家長了解小彤的身心狀況，「孩子整個狀態是受憂鬱症影響，不是單純逃避上學，而且睡眠狀況不好，硬拉她起床，不僅破壞親子關係，她到學校也只是換個地方睡。」

新北市立板橋高中輔導老師林佳玲表示，有愈來愈多孩子因憂鬱症等身心問題，無法按照正常作息到學校，現有《學生輔導法》，大部分學校對於請假會比較寬容，校方會透過個案會議與老師、教官溝通，只要有醫師診斷證明，當孩子身心狀況比較不好時，可以視情況讓孩子請病假，慢慢調整作息與生活適應。家長毋須擔心孩子因為請太多假，會畢不了業，衍生無法考大學等問題。像小彤如果因身心狀況或服藥需要休息，就可以彈性請假，晚一點到學校，家長不用一直要求她配合上下學的時間。

高三下學期，小彤透過甄選入學上了大學，讓老師鬆了一口氣，「以小彤的情況，如果要撐到七月，她是撐不下去的，少掉一個升學壓力，對她很有幫助。」

想和你說

小彤的憂鬱症狀從國三就有跡象，到高三大爆發。青少年容易因為荷爾蒙改變、同儕關係、升學壓力等發生這些身心狀況，很多孩子在國三、高三時惡化，不只是升學壓力，還有父母的期待所造成的壓力。

青少年罹患憂鬱症，表現出來的未必是心情不好或沒活力，像小彤身體經常會有些不舒服，又很難具體描述清楚，是青少年憂鬱症初期常出現的症狀。另外一個警訊是容易煩躁，家長多講幾句就覺得很煩，常因此產生親子衝突，只是這個症狀很容易被視為青春期正常現象。

如何分辨是憂鬱症或叛逆期？

兒童心智診所院長黃雅芬指出，青少年出現情緒暴躁、抗拒上學等行為，不能單純解讀為「叛逆期」，有時可能是憂鬱症的徵兆。青少年的發展是漸進式改變，不會一夜之間變得不一樣，但憂鬱症病程可能突然惡化，落差很大，如果察覺孩子短時間內突然性情大變，就要有所警覺。

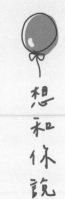

其他像是衛生習慣變差、做任何事情都沒動力、費力的事乾脆不做、應分擔的家務也不做，造成家人負擔等；或原本很重視外在，卻突然變得不在乎儀容、不想洗澡、不在乎同儕評價等，都有可能是憂鬱症徵兆。

不只家長不願面對孩子有憂鬱症的事實，孩子本身也很難接受，像小彤雖然看過精神科，還是沒辦法接受自己生病。林佳玲老師說，青少年得知自己罹患憂鬱症，可能會覺得自己是不是怎麼了才生這種病？對自我有很多負面評價。可以和他討論，生病的意義是什麼？引導他探索與覺察自己怎麼了？要如何因應未來的生活？協助他了解憂鬱症、焦慮症是一種疾病，好比有些人會有糖尿病、高血壓等疾病，用這個觀點跟青少年討論，讓他先接納自己，減少自我排斥與自我懷疑，願意遵循醫師指示服用藥物，接受治療。

1-6

長期累積壓抑情緒後的爆發

諮詢／李筑伃（台北市立景興國中輔導老師）
文／鄭碧君

陪伴憂鬱症患者過程中，會經歷承接患者大量的負面情緒，長期陪伴下也會身心俱疲，照顧者要保有生活重心，覺察自己的情緒與想法，適時求助，千萬不要孤軍奮戰。

「為什麼我已經很努力了，媽媽也為我付出這麼多，卻還是沒變好？這是老天爺在懲罰我嗎？」二十歲的小倩在國中時被診斷患有亞斯伯格症，升上高中後則又出現憂鬱症。嚴重的情緒起伏令她一直無法穩定地就學，因而備感困擾，一度灰心喪志。

所幸，媽媽始終用愛溫暖相伴，促使小倩心中抱持著一股堅持的力量，決心讓自己變得更好。也終於在近日，見到一絲絲曙光。

接受治療與心理諮商，改善亞斯女孩的人際互動

因為不知道如何與人互動，對人際感到有些困擾的小倩，平時在班上也大多都是獨來獨往。再加上説話太直接，不但同學覺得她很古怪，連幾位任課的老師也會產生「她好像有點故意找麻煩」的感覺，因而被導師轉介到輔導室。經輔導室老師對談後，發現小倩確實在某些層面上有明顯適應困難的情形，遂請她參與特殊教育學生的資格鑑定，也獲得了特教身分。

在取得亞斯伯格症（Asperger Syndrome）正式醫療診斷之後，小倩的媽媽很快就接受並正視了孩子的疾病，每個禮拜不厭其煩地陪著小倩就醫並做心理諮商。透過心理師教授社交技巧，小倩逐漸比較能夠同理他人的感受、關心別人的需要，也學會試著用眼神接觸與人互動。儘管小倩的社交與溝通障礙已能見到些許改善，在接受特殊教育之後亦順利申請進入高中就讀，但此時她的內心卻已累積不少負面情緒，以致在高中求學階段終於爆發出來，導致憂鬱症。

家庭背景帶來壓力，從小即情緒波動大

「不想因為我，讓媽媽被人瞧不起，如果我是個男生就好了……」小倩幽幽地說著。小倩的媽媽是爸爸的第二任妻子，因此她有個同父異母的哥哥。而爸爸家族的親戚都有重男輕女的傳統觀念，所以小倩從小一直背負著「要比哥哥優秀」的自我要求與焦慮，也怨自己是女生，沒辦法讓媽媽在這個家庭裡立足。

因著這些想法和擔憂，小倩更加多愁善感，情緒常有明顯的波動，致使課業也大受影響。原本想藉著學業表現讓媽媽為她感到驕傲，幫助媽媽提升在家中的地位，卻無法如願，使得小倩就讀高中之後便時不時因憂鬱症進出醫院，更多次出現自傷的行為。由於每次送院治療往往都得花上數週時間，小倩的精神狀況才能比較穩定，因此高中三年她幾乎不能正常到校上課。所幸老師給予小倩極大的彈性，讓她用其他方式完成課業，最後也領到了畢業證書。

媽媽的包容與支持，助她走出幽谷

和一部分憂鬱症患者一樣，小倩在情緒處於低潮時，亦曾多次自殘，甚至連遺書都寫好了。但另一方面，每次出院之後，她也清楚知道自己一定要活下去，「因為我不能讓照顧我的媽媽傷心，不能讓她的努力白費！」

無論是得知小倩罹患亞斯伯格症或憂鬱症，小倩的媽媽未曾施予任何壓力或批判，即使手邊工作再繁忙，也都會立刻放下，竭盡心力在小倩身邊陪病，積極、認真的與醫療人員合作。有時小倩因心情低落，在臉書發表沮喪或悲觀的言詞時，媽媽也總是留下「我們都可以等你喔」、「我會陪你一起努力」等正向、溫暖的回應。

治療憂鬱症，無疑是一條辛苦且漫長的路。「醫生都開給我最高劑量的藥了」、「我一直都很配合治療」、「我還去圖書館借所有跟大腦相關的書來看」……，積極看待並處理自己的疾病，但病況卻起起伏伏，沒有達到預期的效果，曾讓小倩感到萬般挫折與不解。還好這些挫折並沒有擊退她想變好的意志，她陸續做了許多嘗試、發掘興趣，例如織毛線、寫文章、參與競技疊杯運動等，企圖讓自己的生活更穩定。儘管因為身為亞斯人，伴隨注意力難以集中的緣故，長期發展多元的興趣對小倩而言並不是那麼容易，但她依然為自己設定了一些挑戰與目標，付諸行動並努力實現。

終究皇天不負苦心人，就在四個月前，小倩在醫師指示下得以減藥。足見只要願意面對、接受治療和協助，那些付出的心力將能成為養分，在某個時間點結出果實。

想和你說

台北市立景興國中輔導老師李筑伃表示，陪伴憂鬱或焦慮青少年的家屬、親友，**千萬不要孤軍奮戰，包括學校的輔導室、醫療院所的心理諮商門診，都是可以求助的資源。**陪伴憂鬱症患者並非易事，他們一方面很容易否定自己，或陷於情緒中而難以跳脫，另一方面又希望自己能滿足他人的期待，卻因自身狀態不佳而無法達到。在情緒、想法不斷衝突與糾結下，形成負向循環。陪伴者往往因承接大量負面情緒而感到身心俱疲，一不小心也被捲入藍色漩渦之中。

李筑伃老師觀察到，一般家長最需要的資訊，是該如何回應患者的情緒，以及該如何消化或管理好自己的心情和壓力。她提供幾點建議：

- **要保有自己的生活重心**，與子女的關係界線仍要拿捏好，才不會讓自己的情緒受到影響。
- 持續與學校輔導室、醫療單位合作，共同分擔壓力，才能長久陪伴。
- **練習覺察自己的情緒與想法，適時求助，不孤軍奮戰。**鼓勵父母可加入成

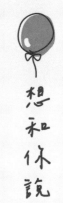

長團體或家屬支持團體，了解更多青少年心理健康知識，以及與憂鬱青少年的溝通互動技巧，並與其他父母相互打氣、彼此支持。

II

憂鬱和焦慮青少年比你想像的更常見

影響憂鬱和焦慮青少年求助專業的阻礙包括
對於疾病與資源認識不足；無法表達自己的心理困擾；
求助專業的矛盾心態；
未獲得身邊其他人例如父母或教師的支持。
覺察他們的需求與擔憂，引領與陪伴其適時求助。

2-1 疫情下兒少的憂鬱和焦慮

文／黃嘉慈

多項研究指出，青少年憂鬱和焦慮現象逐年增多；這兩年多來受新冠肺炎疫情影響，罹患憂鬱症、焦慮症的青少年較疫情前增兩倍，我們更需對促進青少年心理健康採取積極行動。

莎莉，十三歲，父母在她兩歲時離異。她從小在父親和母親的住處兩頭跑。母親患有邊緣性人格疾患，並有酗酒的習慣；父親則一直都有人際困擾。莎莉小的時候顯得安靜內向，到了小學五年級，開始和老師唱反調，和同學起口角，對學習也不感興趣，她開始逃學。當防止新冠病毒蔓延的封城政策剛啟動時，她很開心，因為不必再面對討厭的老師、同學和課業。然而，終日與母親相處，面對母親情緒上的反覆與失控，她既害怕又擔心，對母親感到很憤怒，又對於自己的憤怒情緒感到非常自責。在政府宣布解除「封城」、重返校園的第一天，她出現頭暈、心悸、無法呼吸的狀況。之後，她逐漸足不出戶，整日將自己關在房間，也出現一些自傷行為。

內在與外在世界的挑戰

像莎莉這樣情緒經常起伏不定、覺得生活乏味的青少年不在少數。這些青少年面臨許多個人發展與生活中的挑戰，包括了生理的變化、自我形象的建立、學業成就的要求與人際關係的壓力等，對自我產生了懷疑，也時時感到困惑。他們在時間管理與建立心理界限上，也面臨了更大的困難。此外，由於無所不在的數位媒體，現代青少年遭受網路霸凌、被誘騙的機會也更高。青少年在發展「獨立與自主」的同時，也需要成人的陪伴和支持，學習如何思考、了解自己和他人的感受，以及選擇對自己健康有利的行動。

多少青少年的心理生病了？

根據《全球疾病負擔研究，二〇一九》（Global burden of 369 diseases and injuries in 204 countries and territories, 1990-2019）指出，一九九〇年造成十至二十四歲年齡層健康損失的主因，自傷占第二位，憂鬱症占第八位，焦慮症占第十二位；然而，到了二〇一九年，自傷仍占據第三位，憂鬱症升至第四位、焦慮症升至第六位（參見①）。這些數據的背後隱藏了青少年無聲的吶喊或是暗自垂淚的孤獨。青少年心理健康問題影響的不僅僅是他們現在的生活，也可能延伸到成年期，造成身心健康受損，也限制了成年後充實過生活的機會。

逐年惡化的全球青少年心理健康

美國疾病管制和預防中心指出，六至十七歲的孩童與青少年中，罹患憂鬱症和焦慮症的比例逐年上升：被診斷有焦慮症的比例在二〇〇七年為5.5％，在二〇一一至二〇一二年間則升至6.4％；而憂鬱症的比例在二〇〇七年是4.7％，到了二〇一一至二〇一二年間則到達4.9%（參見②）。根據皮尤研究中心（Pew Research Center）以《全國藥物使用與健康調查，二〇一七》數據所進行的分析發現，在十二至十七歲的美國青少年中，有13%表示自己在過去一年中至少經歷過一次重度憂鬱症發作，這個數據高於二〇〇七年的8%；此外，該研究也指出性別上的差異：在美國有20%的青少女表示自己在過去一年中至少經歷過一次重度憂鬱症發作，而青少男則占7%（參見③）。

另外，歐洲地區的青少年心理健康也同樣出現危機。根據世界衛生組織採用《學齡兒童健康行為調查》數據所得出的二〇一八年歐洲地區青少年心理健康報告《Adolescent mental health in the European Region》指出，在歐洲國家的十五歲兒童青少年中，有29%的女孩與13%的男孩，每週至少有一次感到「情緒低落」（參見④）。

在日本，一項從二〇二〇年十一月至十二月期間針對九百二十四名中、小學兒童與青少年進行的調查發現，15%的四到六年級小學生、24%的國中生與30%的高中生呈現出中度或更嚴重的憂鬱症狀（參見⑤）。

在台灣，依據台灣大學醫學院精神科教授高淑芬於二〇一八年發表的研究結果指出，台灣兒童及青少年焦慮症的終身及最近六個月的盛行率分別為15.2%與12%，而重度憂鬱症的終身及最近六個月的盛行率分別為1.7%和0.7%（參見⑥）。

至於東南亞地區的青少年也同樣受到焦慮和憂鬱的困擾。根據世界衛生組織東南亞地區辦事處二〇一七年發表的報告《東南亞地區青少年的心理健康狀態：採取行動的證據》中顯示，十個東南亞國家的青少年在過去十二個月中感到孤獨的盛行率是8.4%，其中馬爾地夫的數據是15.5%；此外，十個東南亞國家的青少年在過去十二個月中感到焦慮的盛行率是6.9%（參見⑦）。

新冠病毒大流行所帶來的青少年心理健康風暴

新冠病毒給全世界人類帶來了身體和心理健康的威脅。害怕被感染的恐懼、面對親友染病或死亡的哀傷、因為社交隔離所造成的孤獨，以及經濟財務上的擔憂等，都導致人們產生焦慮、憂鬱，對於正面臨身心轉大人的青少年而言，更是難以承受的負荷。

一項發表於美國醫學會小兒醫學期刊的整合分析研究結果指出，在新冠肺炎病毒大流行期間，兒童和青少年憂鬱和焦慮的盛行率分別為20.5％和25.2％，遠遠超過上述提到過的許多國家大流行前的數據。該研究也發現憂鬱和焦慮的盛行率在疫情後期，較年長青少年和女孩當中的比例更高（參見⑧）。上述引用的數據因為各研究的需要或限制對於青少年樣本的年齡區間或有不同，然而，這些數據確實為青少年逐年惡化的情緒狀態敲下一記響鐘。

疫情前後兒童青少年憂鬱症和焦慮症罹患率概況

- 美國：憂鬱症－二〇〇七年（8％）、二〇一七年（13％）、二〇二〇年（17％）（參見⑨）、焦慮症－二〇〇七年（5.5％）、二〇二二年（6.4％）
- 東南亞地區國家：焦慮症－二〇一七年（6.9％）
- 台灣：焦慮症－二〇一八年（15.2％）、憂鬱症－二〇一八年（1.7％）
- 日本：憂鬱症－二〇二〇年（24—30％）
- 歐洲地區國家：每周至少感到一次情緒嚴重低落－二〇一八年男孩（13％）、女孩（29％）

上述數據顯示，在新冠肺炎疫情爆發之前（亦即二〇一九年之前），兒童青少年罹患憂鬱症及焦慮症的比例皆低於20％，但在新冠肺炎疫情大流行之後，根據全球整合性分析資料顯示，兒童青少年的憂鬱症罹患率已上升為20.5％、焦慮症上升為25.2％。

參考資料

① Global burden of 369 diseases and injuries in 204 countries and territories, 1990-2019: a systematic analysis for the Global Burden of Disease Study 2019 - PubMed (nih.gov) doi: 10.1016/S0140-6736(20)30925-9

② Anxiety and depression in children: Get the facts https://www.cdc.gov/childrensmentalhealth/features/anxiety-depression-children.html

③ A growing number of American teenagers – particularly girls – are facing depression https://www.pewresearch.org/fact-tank/2019/07/12/a-growing-number-of-american-teenagers-particularly-girls-are-facing-depression/

④ WHO Regional Office for Europe; Factsheet for World Mental Health Day 2018 http://www.euro.who.int/__data/assets/pdf_file/0005/383891/adolescent-mh-fs-eng.pdf

⑤ Nearly a Third of Japanese High School Students Show Depression Symptoms https://www.nippon.com/en/japan-data/h00943/

⑥ Prevalence of DSM- 5 mental disorders in a nationally representative sample of children in Taiwan: methodology and main findings. Epidemiologyand Psychiatric Sciences 29, e15, 1–9. https://doi.org/10.1017/S2045796018000793

⑦ Mental Health Status of Adolescents in South-East Asia:

Evidence for Action https://apps.who.int/iris/bitstream/handle/10665/254982/9789290225737-eng.pdf?sequence=1&isAllowed=y

⑧ Global Prevalence of Depressive and Anxiety Symptoms in Children and Adolescents During COVID-19A Meta-analysis, https://jamanetwork.com/journals/jamapediatrics/fullarticle/2782796

⑨ Key Substance Use and Mental Health Indicators in the United States: Results from the 2020 National Survey on Drug Use and Health (samhsa.gov)

2-1-2

憂鬱和焦慮帶來的傷痕

文／黃嘉慈

研究指出，有三分之一受苦於憂鬱和焦慮症狀的青少年未尋求專業協助，因而面臨多項身心症狀、人際互動與課業上的困境，甚至有自傷行為。覺察青少年的情緒問題後，更需陪伴及引領其接受治療。

凱莉八歲時，在倫敦工作的父親將她和妹妹從衣索比亞接來同住，但找藉口將母親留在家鄉，因為父親在倫敦已另有女友。父親對凱莉十分嚴苛，不順其意就打罵。在凱莉十二歲時，因為女友求去，父親才將母親接到英國。然而父親的暴力行為並未因為一家人團聚而好轉，反而常常將母親打得傷痕累累。為了保護母親，凱莉只能聯絡家暴中心。社工在緊急介入後，將凱莉母女安置在中途之家。

原以為沒有了父親的暴力威脅，凱莉的生活會比較平順，然而，她卻開始失眠，往往流連網路到天明。她也逃學，與母親一言不合就逃家。後來母親發現凱莉在大熱天還總是穿著長袖襯衫，細查之下發現她的手背佈滿了新舊割痕，才知道凱莉出現自傷行為已有一段時日了。

掩蓋的傷痕蘊藏的憂傷

寧願以自傷來釋放痛苦，也不願向外求援的凱莉並非特例。根據英格蘭兒童及青少年心理健康調查（Mental Health of Children and Young People in England, 2017）指出，有三分之一受苦於憂鬱和焦慮症狀的青少年並未尋求專業協助（參見①）。英國一項針對憂鬱和焦慮青少年尋求專業協助的阻力與助力的質性研究特別指出，影響青少年求助的阻礙包括了（參見②）：

1 **對於疾病與資源的認識不足：**青少年與其父母、師長，無法分辨出哪些情緒或行為是屬於正常的青少年發展過程？那些又是病徵？而青少年自己也不清楚可以向誰或何處求助。

2 **無法表達自己的心理問題：**年紀較小、有注意力困難，或有重度憂鬱症的孩子經常有這樣的困難。此外，不信任專業人員、害羞、有絕望感、缺乏自信，或是不願父母擔心，也會影響青少年的求助。

3 **尋求專業協助的矛盾心態：**青少年或許想要證明自己長大能獨立解決問題，不用依賴他人；又或是受到性別角色刻板印象的影響，認為男孩要有擔當；也有青少年會擔心他人的眼光，怕被認為求助是在討「注意力」。

4 **其他人的角色：**多數青少年都是透過父母或學校向專業人員求助的。因此，父母對於求助時機的掌握，以及來自家庭的情緒支持、經濟狀況和資源，都會影響青少年是否能接受專業的治療。當父母有困難時，學校的角色就變得很重要。

困在憂鬱與焦慮牢籠的青少年

梅約醫學中心指出，有焦慮或憂鬱的情緒是人之常情。然而，焦慮症患者對日常生活狀況有強烈、過度，和持續的擔憂和恐懼。一般的焦慮症狀包括：感到忐忑不安或緊張、覺得即將面臨危險或厄運、心率加快、呼吸急促（換氣過度）、出汗、顫抖、入睡困難、感到虛弱或疲倦，有胃腸道問題。他們只能專注在眼前擔憂的事物，無法思考其他事情。焦慮症患者會因為無法停止的焦慮而急於避開引發焦慮的事物，也因而影響到工作、學業表現，以及人際關係等（參見③）。美國國家心理衛生研究院（NIMH）統整出幾種焦慮症：廣泛焦慮症、恐懼症、社交恐懼症、特定恐懼症、廣場恐懼症、分離焦慮症、選擇性緘默症（參見④）。

憂鬱症是另一項嚴重影響青少年心理健康的疾病，青少年會陷入持續的悲傷，對活動失去興趣，影響青少年的思維、感受和行為，最後可能導致角色功能和身體健康產生問題。常見的憂鬱症狀包括：悲傷（包括無故的哭泣）、容易感到挫折或憤怒、絕望或空虛感、不安或煩躁、對日常活動失去興趣或動力、對家人和朋友不感興趣或易和他們發生衝突、感到自卑或內疚、沉溺於過去的失敗、過度自責或自我批評、對於被拒絕或失敗很敏感、需要不斷地獲得保證和安慰、思考困難、無法集中注意力和做決定、容易忘記事情、一直感覺生活和未來是嚴峻和黯淡的、經常想到死亡，或想要自殺（參見⑤）。

置之不理的反撲

青少年的憂鬱症和焦慮症需要專業、長期的治療，無法用意志力來克服，否則病情會惡化。美國臨床社工師 Kathryn Rudlin 在「Verywell mind」網站中談到未接受治療的青少年可能會面對的困境包括（參見⑥）：

1 **影響家人互動：**憂鬱和焦慮都可能出現易怒和躁動不安的症狀，家人可能因為害怕、不知所措而冷漠以對或與之爭論，使得青少年覺得自己不受歡迎而變得更生氣或更退縮。

2 **無法參與競爭性的運動：**青少年可能因為情緒低落、常感疲倦，或是擔憂自己表現不佳，而不願參加體能活動。

3 **學業表現不佳：**因注意力變差、失去對事物的興趣，或受情緒擺盪等影響，導致學習能力降低與成績變差。

4 **難以與他人建立關係：**憂鬱或焦慮的青少年可能因缺乏自信而逃避社交情境，進而加劇了孤獨和孤立感。

5 **物質濫用：**有些青少年會以藥物和酒精來因應睡眠問題、自殺念頭，或減緩心理的痛苦或焦慮。

6 **從事危險行為：**例如飆車、未採取保護措施的性行為，或參與非法活動。

7 **自傷行為：**以傷害自己來表達或控制內心的痛苦，如割腕、撞頭、拔頭髮等。根據倫敦大學學院整理的一項有關十七歲英國青少年心理疾病的報告指出，十七歲的青少年在過去一年曾經自傷的比例高達24％（參見⑦）。

8 **對他人施暴：**將自我厭惡的感覺投射或發洩到他人身上，因而攻擊他人。家人或朋友因為害怕，可能與他們保持距離，這讓青少年因此更憎恨自己，變得更加孤立和退縮。

9 **持續陷入憂鬱症狀：**隨著年齡的增長，未經治療的憂鬱症可能會反覆發作或病情惡化，嚴重時可能使青少年連日常功能都無法勝任。未經治療的憂鬱症也會干擾睡眠，造成青少年的睡眠障礙。

10 **威脅或企圖自殺：**憂鬱的青少年有很高的自殺率，因為他們想要以自殺來結束痛苦的情緒。根據美國疾病控制和預防中心二〇二〇年的資料顯示，自殺是美國十五至十九歲青少年的第三大死因（參見⑧）。

除了上述種種痛苦與風險，瑞典一項針對一百五十萬人所進行的世代研究也發現，年輕時的憂鬱症與日後多項健康問題的較高發生率有關，例如：睡眠障礙、病毒性肝炎，也與某些傷害有強烈相關，例如：女性的自傷行為、全因死亡率以及特定原因死亡率，尤其是蓄意自傷所造成的死亡（參見⑨）。因此，對於青少年持續處於焦慮與憂鬱的情緒中，不應掉以輕心！

青少年的憂鬱症狀和焦慮症狀

	主要狀態	外顯症狀或行為
憂鬱症	持續的悲傷、對活動失去興趣，進而影響思維、感受和行為方式，導致情緒、角色功能和身體健康出現問題。	• 悲傷（包括無故的哭泣）。 • 容易感到挫折或憤怒／絕望或空虛感／不安或煩躁。 • 對日常活動失去興趣或樂趣。 • 對家人和朋友不感興趣或易和他們發生衝突。 • 感到自卑或內疚／沉溺於過去的失敗。 • 思考困難／無法集中注意力和做決定／容易忘記事情。 • 一直感覺生活和未來是嚴峻和黯淡的／經常想到死亡或想要自殺。 • 過度自責或自我批評、對於被拒絕或失敗很敏感／需要不斷保證和安慰。
焦慮症	對日常生活狀況有強烈、過度和持續的擔憂和恐懼，急於避開引發焦慮的事物，因而影響工作、學業表現及人際關係。	• 感到忐忑不安或緊張、覺得即將面臨危險或厄運。 • 心率加快。 • 呼吸急促（換氣過度）。 • 出汗、顫抖。 • 感到虛弱或疲倦。 • 注意力只能在眼前擔憂的事物，無法思考其他事情。 • 入睡困難。 • 胃腸道問題。

參考文獻

① Mental health of children and young people in England, 2017 https://dera.ioe.ac.uk/32622/1/MHCYP%202017%20Summary.pdf

② Adolescents'perceived barriers and facilitators to seeking and accessing professional help for anxiety and depressive disorders: a qualitative interview study | SpringerLink https://link.springer.com/article/10.1007/s00787-020-01707-0

③ Anxiety disorder https://www.mayoclinic.org/diseases-conditions/anxiety/symptoms-causes/syc-20350961

④ Anxiety disorder https://www.nimh.nih.gov/health/topics/anxiety-disorders

⑤ Teen depression https://www.mayoclinic.org/diseases-conditions/teen-depression/symptoms-causes/syc-20350985

⑥ The dangers of untreated depression in teens https://www.verywellmind.com/untreated-depression-teens-2609492

⑦ Mental I' ll-health at age 17 in the UK https://cls.ucl.ac.uk/wp-content/uploads/2020/11/Mental-ill-health-at-age-17-%E2%80%93-CLS-briefing-paper-%E2%80%93-website.pdf

⑧ National Vital Statistic System – Mortality data 2020 via CDC wonder

⑨ Association of Youth Depression With Subsequent Somatic Diseases and Premature Death. JAMA Psychiatry. https://jamanetwork.com/journals/jamapsychiatry/fullarticle/2773999

2-1-3

複雜交錯的憂鬱與焦慮成因

文／黃嘉慈

造成青少年憂鬱和焦慮的潛在原因很多，包括遺傳、生理、心理及外在環境等，認識誘發憂鬱及焦慮疾病的因子，有助於孩子尋求適當協助，幫助他們對抗憂鬱和焦慮，建立復原力。

瑪蒂，十六歲，就讀倫敦的一所私立女子中學。她學業成績表現向來優異，也是學校的游泳選手代表。然而在新冠肺炎疫情爆發前幾個月，她因不喜歡自己身上有「肌肉的線條」而退出游泳隊的訓練。她開始不按時間進食，食量也變小。疫情期間，她和男友因隔離，感情漸淡而協議分手。雖然他們還是朋友，然而心碎的感覺還是讓她經常暗夜飲泣。揮之不去的無望感，讓她提不起勁上學，對任何事都不感興趣。父母對她的態度從貼心的鼓勵，到充滿挫敗地要求她振作，也讓她逐漸封閉自己，不再向他們透露自己的狀況。

青少年為何憂鬱或焦慮？

造成青少年憂鬱和焦慮的潛在原因很多，通常很難以單一原因來解釋。這些可能的成因包括了遺傳、過去的創傷、身處的現實環境、大腦生理的變化、物質濫用、青春期的壓力，和消極的思維模式等。

★焦慮的成因

美國兒童與青少年精神醫學會（AACAP）、提供青少年與年輕成人心理健康住院式治療的機構示範治療（Paradigm Treatment）與梅約醫學中心（Mayo Clinic）提出造成青少年焦慮症的成因如下（參見①、②、③）：

1 **家族史**：有些研究者相信，膽怯和緊張的傾向是與生俱來的。如果父母天生焦慮，那麼他們的孩子很可能也會有焦慮的傾向。同時，父母的不安也經常會傳達給孩子，加劇了孩子天生的敏感氣質，因此可能會建立一個增加不安的循環。當這個孩子進入青春期時，他特有的體驗，以及他的與世界聯繫的方式，就已經帶有焦慮的色彩。這些孩子在生命早期可能從未學會如何安撫自己。

2 **早期的分離焦慮**：有些青少年焦慮症可能是從更早的分離焦慮開始，每當與家或與所依附的人（通常是父母）分離時，就會充滿恐懼。青少年可能不會承認分離焦慮，但這可能反映在他們不願離開家和拒絕參與獨立活動。分離焦慮通常也是青少年拒絕上學或拒絕留在學校的原因。

3 **過高的期待**：許多青少年對自己寄予很高的期望，承受著很大的壓力，如要取得好成績、要進入名牌大學，或忙於課後活動或兼職。他們可能沒意識到自己無法承擔這麼多的壓力，讓睡眠長期受到影響。睡眠不足又增加焦慮，而焦慮使他更難入睡，形成惡性循環。

4 **賀爾蒙影響**：在青春期因為成長期間荷爾蒙變化，情緒跌宕起落，讓青少年無故感到焦慮、沮喪和憤怒；再加上他們缺乏處理這些情緒的經驗，更讓焦慮雪上加霜。

5 **大腦的發展：**人類的大腦要到二十五歲左右才發育成熟。青少年常常認為自己可以獨立，也被期待可以承擔成人的責任，然而他們的大腦在情緒管理、計畫執行等區域尚未完全發展成熟，易衝動行事，在完成任務的能力上常與自己的期望出現落差，因挫折而感到焦慮。

6 **父母不認同：**青少年正處於尷尬的階段，掙扎在希望獲得父母的認可，與反抗父母權威和社會期望之間，形成一股壓力，導致焦慮。

7 **同儕的壓力：**同儕壓力可以是正面的，也可以是負面的。青少年承受莫大的同儕壓力，無論是拒絕同儕負面行為（如：逃課、吸毒等）的邀約，或是期待自己達到與同儕相同的成就，都是造成焦慮的壓力。另外，無法融入團體或被霸凌也會造成社交上的焦慮。

8 **酗酒和藥物濫用：**許多青少年明知不該酗酒和吸毒，但仍可能因好奇或受不了同儕壓力而嘗試。在嘗試之前、嘗試期間、和嘗試之後，他們都會感到焦慮。如果青少年又以酒精或毒品來企圖緩解焦慮，結果焦慮不減反增，於是他們再加重劑量來壓抑焦慮感，就此惡性循環。

9生理或心理疾病：心臟疾病、糖尿病、慢性疼痛、大腸激躁症，或可能分泌引發「戰鬥或逃跑」激素的罕見腫瘤等生理疾病可能引發焦慮情緒。此外，憂鬱症與焦慮症的關係經常糾結，一些憂鬱症患者可能感到非常焦慮，甚至出現恐慌症狀；而許多焦慮症患者明明知道自己的擔心是非理性的卻無法停止，這種失去內在控制感的焦慮也可能讓人憂鬱（參見④）。

★憂鬱的成因

上述一些造成焦慮症的成因可能與憂鬱症的成因或誘發因子相同，如：荷爾蒙、家族史、個人人格特質、慢性疼痛或疾病、酒精或藥物濫用等。根據梅約醫學中心（Mayo Clinic）以及北極星（Polaris）網站資料指出可能誘發憂鬱症的危險因子還包括了（參見⑤、⑥）：

1腦內化學物質：神經傳導物質是存在大腦中的天然化學物質，可將信號傳送到大腦與身體的其他部位。當這些化學物質異常分泌時，神經受體和神經系統的功能就會發生變化，導致憂鬱。

2 **性別：**青少女罹患憂鬱症的比例是青少男的兩倍；不受週遭環境支持的同性戀、雙性戀或跨性別者也面臨較高的憂鬱症罹患風險。

3 **童年創傷：**童年時期的創傷事件，例如遭受身體或情感虐待，或失去父母，可能會導致大腦發生變化，增加罹患憂鬱症的風險。

4 **經歷壓力大的生活事件：**如父母離婚、死亡、家庭成員自殺，或其他重大事件造成生活巨大的改變等。

5 **習得的消極思維模式：**若青少年從過往的經驗學習到生活中的挑戰與難題是無法被克服，在面對問題時，就不懂得設法解決或向外尋求協助。

6 **患有其他心理健康問題：**例如雙相情感障礙 (bipolar disorder)、焦慮症、人格障礙、厭食症或暴食症、學習障礙、注意力不足過動症 (ADHD)。

7 **家庭有重大的溝通和關係上的問題。**

雪上加霜的電子媒體與新冠病毒大流行

在探究現代青少年心理健康議題時，似乎無法忽略電子媒體的影響。一篇發表於加拿大醫學學會期刊的研究指出（參見⑦），智慧型手機和社群媒體的使用，增加了青少年心理痛苦、自殘行為和自殺傾向；而且對女孩的影響更大。此外，社群媒體經由社會比較和負面互動（包括網路霸凌），影響了青少年對自我的看法和人際關係。另外，一些社群媒體將青少年的自殘和自殺行為常態化，甚至把它當成一種宣傳。青少年因為重度使用智慧型手機，因而導致長期睡眠剝奪，對其認知、學業成績和社會情緒產生負面影響。來自賓州大學的研究也證實，社群媒體與青少年的憂鬱和孤獨感，以及害怕錯過朋友圈活動的焦慮和恐懼等有關（參見⑧）。此外，新冠病毒肺炎疫情期間，因為對疾病的恐懼、社交隔離所帶來的孤獨感，或與家人關係的緊張等，使得青少年的焦慮和憂鬱情緒更加惡化。《美國醫學會期刊：兒科》的一篇整合研究證實，新冠病毒大流行期間，兒童和青少年憂鬱和焦慮症狀的盛行率，是大流行前的一倍；在大流行後期，年齡較大的青少年和女孩更受影響（參見⑨）。

幫助青少年培養復原力（Resilience）對抗憂鬱和焦慮

復原力，是指人們在面對壓力時能維持心理健康，或迅速恢復心理健康的能力。面對壓力時，每個人的復原力不盡相同，壓倒某人的最後一根稻草事件，對另一個人來說可能完全微不足道。復原力可能會隨者時間而改變，如隨著個人功能發展以及與環境互動而產生變化；再則，我們與他人的互動、是否有足夠的資源、是否身處於特定文化、宗教、機構與社區等情境中都可能影響我們因應壓力處理創傷的能力（參見⑩）。來自賓州大學佩雷爾曼醫學院的學者發現，在新冠病毒大流行期間，擁有較好復原力的人，較不受到新冠病毒相關壓力的影響，罹患焦慮和憂鬱症的風險也較低（參見⑪）。

然而，要怎麼做才能幫助青少年培養復原力？澳洲養育孩子網站（raisingchildren.net.au）提醒我們，可以從協助孩子發展良好的個人態度、學習社交技能、養成正向的思維習慣，和提高事情的完成度開始做起（參見⑫）。此外，英國劍橋大學學者指出，引導青少年回憶特定的正向記憶，能夠減低青少年的憂鬱症易感性（vulnerability to depression），增強其復原力（參見⑬）。

憂鬱、焦慮？暫停使用社群媒體一週，有助促進心理健康！

瀏覽社群媒體幾乎是每個人生活常態，不論是青少年或成年人都少不了它。董氏基金會於二〇二一年的調查發現，全台青少年不論是平日或假日使用超過兩小時的網路活動，前五名均有「瀏覽社群網站」，平日排序為第一名，而根據一份二〇二三年五月發布於《網路心理學、行為和社交網絡期刊》的研究指出，停止使用社群媒體一週，將顯著改善憂鬱及焦慮，對幸福感也有正向影響。

文獻參考

① Your Adolescent - Anxiety and Avoidant Disorders https://www.aacap.org/aacap/Families_and_Youth/Resource_Centers/Anxiety_Disorder_Resource_Center/Your_Adolescent_Anxiety_and_Avoidant_Disorders.aspx

② Common Causes of Anxiety in Teens and Young Adults - Paradigm Treatment

③ Anxiety disorders - Symptoms and causes - Mayo Clinic

④ The relationship between anxiety and depression https://www.hartgrovehospital.com/relationship-anxiety-depression/

⑤ Teen depression https://www.mayoclinic.org/diseases-conditions/teen-depression/symptoms-causes/syc-20350985

⑥ https://polaristeen.com/articles/how-many-teens-have-depression/

⑦ Smartphones, social media use and youth mental health - PubMed (nih.gov)No More FOMO: Limiting Social Media Decreases Loneliness and Depression

⑧ No More FOMO: Limiting Social Media Decreases Loneliness and Depression | Journal of Social and Clinical Psychology (guilfordjournals.com)

⑨ Global Prevalence of Depressive and Anxiety Symptoms in Children and Adolescents During COVID-19: A Meta-analysis - PubMed (nih.gov)

⑩ Resilience definitions, theory, and challenges: interdisciplinary perspectives https://www.ncbi.nlm.nih.gov/pmc/articles/PMC4185134/

⑪ Resilience, COVID-19-related stress, anxiety and depression during the pandemic in a large population enriched for healthcare providers https://pubmed.ncbi.nlm.nih.gov/32820171/

⑫ raising children.net.au https://raisingchildren.net.au/pre-teens/development/social-emotional-development/resilience-in-teens#why-pre-teens-and-teenagers-need-resilience-nav-title

⑬ Positive memory specificity is associated with reduced vulnerability to depression - PubMed (nih.gov)

2-1-4

青少年憂鬱和焦慮課題如何解

文／黃嘉慈

因應日益惡化的青少年心理健康問題，許多國家積極推展「支持性青少年心理健康服務」，例如各式教育課程、工作坊、線上諮商與諮詢、會談治療，及擴大青少年憂鬱與焦慮篩檢……。我們能從其他國家促進青少年心理健康的經驗中，學著解答青少年憂鬱和焦慮的課題。

新冠肺炎大流行之前，青少年族群已經深受焦慮症和憂鬱症所苦。然而自各國先後祭出因應新冠肺炎疫情的「封城」、「社交隔離」等防疫措施之後，世界各地青少年的日常生活都經歷了巨大的改變。停課導致缺少同伴的互動、社交隔離導致家庭壓力增加、青少年作息日夜顛倒等狀況，讓原就令人擔憂的青少年心理問題更加惡化。升高的自殺率也讓許多國家不得不盡速發展支持系統，協助青少年因應心理健康問題。

因應後疫情時代的心理健康服務

★英國

英國政府承諾，到二〇二三年四月，在學校和學院的心理健康團隊的數量，將從五十九個增加到四百個，為將近三百萬兒童和青少年提供支持。

心理健康支持團隊所提供的服務非常多樣，包括：在上學期間，孩子們可以利用短訊聯絡團隊，健康專業人員會在一小時內回覆，為他們提供建議；協助家庭了解兒童及青少年的心理問題，讓家長知道孩子是否出現心理困擾，是否需要專業協助。

團隊還會透過對教師的講習等，協助教師提供「全校模式」的心理健康支持。即使在大流行隔離期間，心理健康支持團隊仍繼續透過虛擬平台為青少年提供支持。在肯特郡，心理健康支持團隊為無助的父母提供電話諮詢，同時也為學校人員提供如何支持兒童心理健康的訓練。

英國政府同時也擴大社區心理健康服務，希望在二〇二一年至二〇二二年期間，能額外為兩萬兩千五百位兒童和青少年提供服務，服務內容包括了會談治療和認知行為治療。作為全國健康保健署（NHS）長期計劃的部分，這加速了擴大服務的承諾，到了二〇二四年，將另外有三十四萬五千名兒童和青少年受惠於心理健康服務（參見①）。

另外，民間機構如 YoungMinds 除了直接為青少年提供線上諮詢或諮商，也為家長和學校人員提供線上衛教課程，協助他們了解青少年心理健康困擾，以及如何因應與何時應該求助於專業人員。還有針對特定困難的兒童和青少年提供服務的機構，如 Winstons Wish 教導父母與學校人員如何支持面臨喪親之痛的孩子；Place2Be 機構在中小學設立據點，提供學生個別與團體諮商，也為父母和學校人員提供心理衛生諮詢；SAMARITANS 機構則提供青少年二十四小時的電話諮詢服務。

★美國

二〇二〇年，美國大約每十一分鐘就有一人死於自殺。自殺也是十至三十四歲年齡層的主要死因。美國政府設置了988生命線，為處於自殺危機或受心理健康困擾的人，提供二十四小時全天候的心理健康專業支持。這個專線透過兩百多個危機中心，組成了全國性網絡，其經費來自地方和州政府，以及衛生暨公共服務部（Department of Health and Human Services）中的藥物濫用暨心理健康服務署（SAMHSA）（參見②）。另外，由全國公認的預防、實證醫學和初級護理的專家們所組成的「美國預防服務專案組（U.S. Preventive Services Task Force）」，在二〇二二年十月十一日，建議應對八至十八歲的兒童和青少年進行焦慮症篩檢，這是在美國首次針對此年齡層提出焦慮症篩檢的建議。該機構也認為應針對十二至十八歲的青少年進行憂鬱症篩檢（參見③）。

民間也有許多團體致力於促進青少年心理健康，其中「全國精神疾病聯盟（NAMI）」是全美最大的基層心理衛生組織，他們希望為受到心理疾病影響的美國人創造更好的生活。該聯盟包含了六百多個地區附屬機構和四十九個州組織。透過教育計畫，為數千個社區、成千上萬的家庭、個人和教育人員提供所需要的支持和訊息。他們也為心理疾病患者和其照顧者提供支持團體，並倡導為病患及家屬制定公共政策、為志工與其領導者提供需要的配備、資源和技能。此外，他們也提供求助專線，為亟需幫助的人提供支持；透過「心理疾病覺醒週」、「全國精神疾病聯盟健走」等活動，鼓勵大眾認識精神疾病、重視心理健康、去除對於精神疾病的污名化（參見④）。

而美國焦慮症和憂鬱症協會（ADAA）網站也提出許多衛教資訊，有全美各地有關壓力調適、焦慮症、強迫症、憂鬱症等支持團體的資訊，讓需要的人可以就近參與（參見⑤）。而「家庭—憂鬱症覺察（FFDA）」機構則是將焦點放在整個家庭，為憂鬱症患者的照顧者提供心理衛教，教導他們學習自我照顧，以避免心理、體力的枯竭和社會孤立（參見⑥）。

★澳洲

澳洲國家心理健康委員會（National Mental Health Commission）指出，百分之五十的澳洲成人心理健康問題出現在十四歲之前，而有心理困擾的兒童，至少一半以上未接受專業人員的協助（參見⑦）。澳洲政府在二〇二一年十月啟動國家兒童心理健康和福祉策略，該策略希望能為出生到十二歲的兒童，及養育、教育他們的家庭和社區，提供全面的支持。此外，政府也提出「願景二〇三〇」，為澳洲人民的心理健康和自殺防治提供長程計畫的藍圖。

在民間，Beyond Blue 這個機構提供大眾有關憂鬱症、焦慮症與自殺防治的資訊。除了免費的線上及電話諮商，他們也提供一項稱為「NewAccess」的心理健康輔導計畫，該計畫包含了六個時段的認知行為治療，可以幫助青少年管理每天生活中如健康、學習、人際關係等壓力。該機構也發展出一個名為「Beyond Now」的電子應用程式，協助青少年逐步制定安全計劃，讓他們在情緒不堪負荷、出現自殺意念時，可以透過預先的指引設定，來紓緩壓力，或是適時向外求助，以維繫生命安全（參見⑧）。此外，兒童求助專線（Kids Helpline）為兒童和青少年提供免費電話諮商；該網站也支援學校來教導父母如何因應新冠肺炎疫情對青少年的心理健康所帶來的衝擊（參見⑨）。還有，MindSpot Clinic 為大眾提供免費、符合個人需求的線上心理健康服務，也接受基層醫師的轉介，為患者進行心理健康評估，並提供治療。他們的網站也提供免費的線上憂鬱和焦慮的測試，讓大眾對於自己的情緒狀態保持警覺，學會適時尋求專業人員協助（參見⑩）。

Youth Insearch 機構則將焦點放在十四至二十歲的高風險群，以同儕互助的概念，協助青少年扭轉劣勢、發揮自己的潛能。該機構所舉辦的週末營，為青少年創造一個安全的環境，使他們能夠體驗關係中的信任，並發展溝通技巧；也提供機會讓青少年說出生活中的問題，對其創傷經驗提供支持；透過相似遭遇的同儕經驗分享的過程，有助於青少年找到正向的問題解決方案（參見⑪）。

成為青少年憂鬱調適的 Google Map

對身為數位原生代的青少年而言，認識世界、獲取資訊、人際互動方式多透過網路，董氏基金會心理衛生中心從事憂鬱防治宣導教育工作二十多年，因應時代演進與趨勢，透過不同平台與結合資源，提供青少年適合也需要的資訊，例如創建華文心理健康網站、線上諮詢聊天室、憂鬱檢測量表及 APP、設置包括 FB、IG、TIKTOK 等社群帳號，透過這些平台持續提供憂鬱與心理健康新知，並將許多資訊以圖像、影音方式呈現，更能吸引青少年。

作為青少年堅強的支持後盾，可以把自己想像成青少年憂鬱調適的 Google Map，提供有需求的青少年對應的支持與資訊。就像在 Google Map 設定一個目的地（需求）後，提供他們多種選擇。給予指引和正確的資訊、讓孩子知道怎麼獲得憂鬱防治資源、有哪些求助的選擇，只要願意面對，方向對了，就不怕到不了健康生活的園地。

參考資料

① £79 million to boost mental health support for children and young people - GOV.UK (www.gov.uk)

② 988 Suicide & Crisis Lifeline | SAMHSA

③ https://www.uspreventiveservicestaskforce.org/uspstf/topic_search_results?topic_status=P

④ Home | NAMI: National Alliance on Mental Illness

⑤ https://adaa.org/

⑥ Families for depression awareness https://www.familyaware.org/what-we-do/focus-on-family/

⑦ https://www.mentalhealthcommission.gov.au/projects/childrens-strategy/

⑧ https://www.beyondblue.org.au//

⑨ https://kidshelpline.com.au/

⑩ MindSpot Clinic - Free Online Mental Health Support

⑪ https://youthinsearch.org.au/

III

他的憂鬱和焦慮，我想懂的

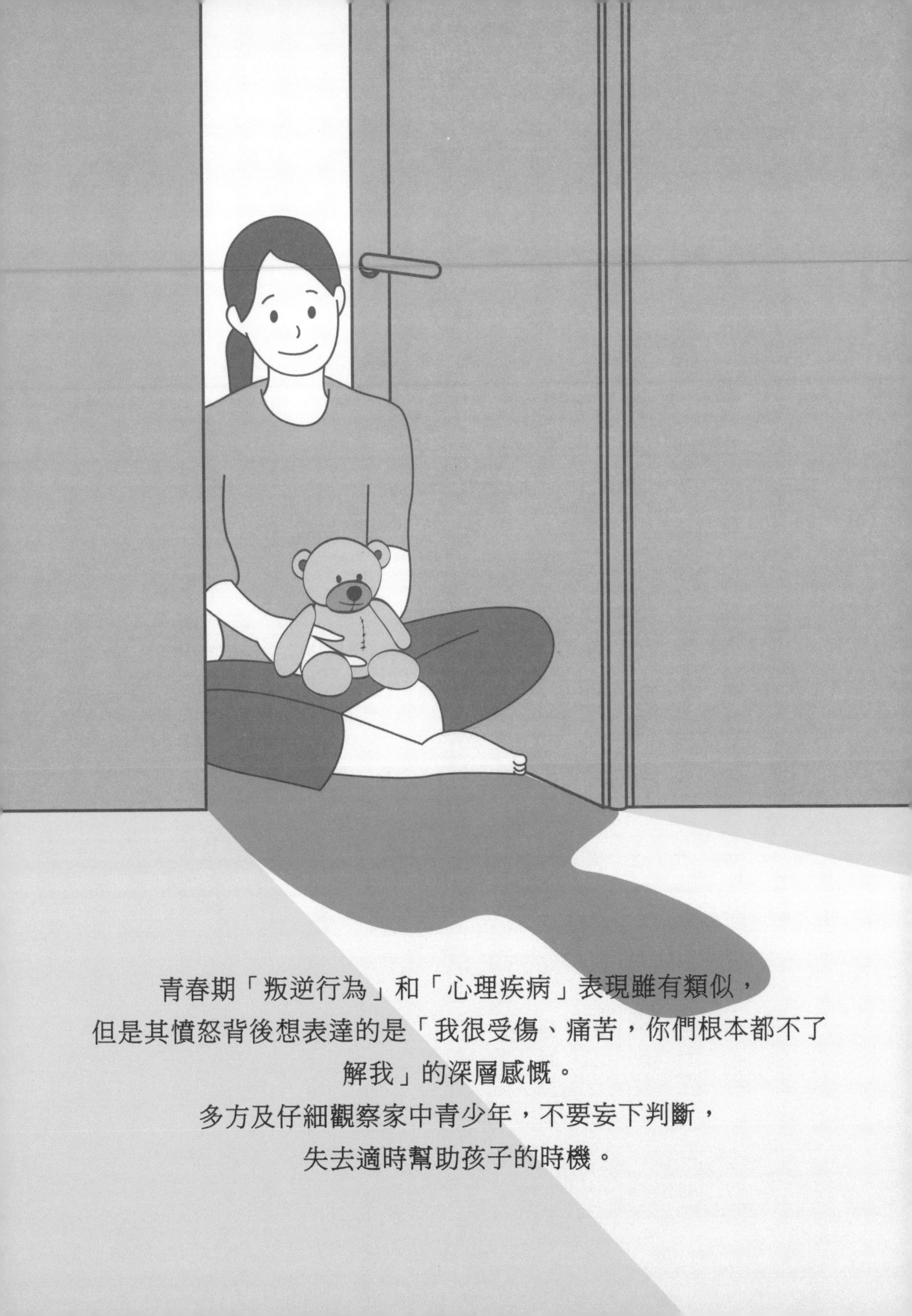

青春期「叛逆行為」和「心理疾病」表現雖有類似，
但是其憤怒背後想表達的是「我很受傷、痛苦，你們根本都不了解我」的深層感慨。
多方及仔細觀察家中青少年，不要妄下判斷，
失去適時幫助孩子的時機。

3-1

體察他「反抗」行為的背後成因

諮詢／吳佑佑（宇寧身心診所負責人）
杜家興（衛生福利部嘉南療養院臨床心理師）
文／鄭碧君

憂鬱症、焦慮症等情緒障礙，不僅會發生在成年人身上，也普遍見於兒童與青少年族群，且有不斷增加的趨勢。根據二〇二二年三月發表於《美國醫學會兒科期刊》（JAMA Pediatrics）的一篇研究指出，三至十七歲孩子有焦慮和憂鬱情緒者，從二〇一六年到二〇一九年，分別增加了27％和24％。另一篇二〇二一年五月刊載於《美國醫學會期刊網路版》（JAMA Network Open）的研究則說明，十二至十七歲青少年的重度憂鬱症發病率，自二〇一一年的8.3％，上升至二〇一六年的13％。顯見現今的父母、親友、老師，都應格外關注兒少的身心狀況與行為變化，及早辨識出孩子求救的訊號，並幫助他們盡早接受適當治療。

Q：青春期難免有睡眠不正常、飲食不規律、情緒喜怒無常的時候，怎麼判斷青少年的情緒困擾已需求助專業？哪些是必要的判斷指標？

嘉南療養院臨床心理師杜家興說明，一般來說，孩子如果遇到困難，或者需要他人關心時，可能會悶悶的不愛講話，或透過發脾氣方式來表現。建議這時身旁的大人應傾聽他們的想法和需求。若孩子的情緒皆由明確的生活大小事件所引發，且頂多持續一兩天，通常可視為較常見的狀況。但是，假使看到孩子的情緒已影響他原本的角色功能和表現，包括課業、人際關係或生活作息等方面，甚至因此與人發生衝突，或找各種藉口不去上學，通常就需要求助專業了。

當青春期孩子的心理困擾蓋過了自己能夠承受與調節的程度時，會出現「不在乎」跡象，像是開始不在意自己的外表或個人衛生、學業表現、人緣好壞、身體健康、成就，甚至會放掉原本喜愛的網路遊戲和相關的人際關係等。在成長過程中，當孩子長期以來疏離跟父母、手足的相處，刻意忽略自己的穿著打扮、實際生活裡鮮少關注的朋友／偶像／活動／寵物或收藏品，反而有過多線上（非真實接觸）的活動與人際關係，或者經常更換感情對象，都反映出孩子內在有嚴重負面心結，需要專業心理協助的指標。

當孩子有以下感受，可能就是自殘甚至自殺的關鍵警訊：認為困擾他的狀況不會減輕或消退的「無望感」、沒有發展出新應對技巧的「無力感」、未獲得足夠人際支持，甚至覺得自己不受歡迎的「多餘或累贅感」。

宇寧身心診所吳佑佑醫師表示，青春期憂鬱症經常以「非典型」的症狀呈現，意即未必會直接告訴別人他心情不好，反而會出現較多對立、反抗等不聽話的行為，配合度或學校成績也會變差。父母應注意，當孩子該起床時卻不起床，該睡覺時卻不睡，且對日常生活造成影響；或是因飲食不規律，導致體重減輕或增加時，便有必要進一步探討孩子發生了什麼事。

Q：兒童青少年有憂鬱或焦慮問題時，這兩種疾病會呈現出哪些明顯不同的症狀？

杜家興心理師從豐富的實務經驗中亦發現，許多憂鬱和焦慮問題的兒少不見得會看起來憂愁或緊張，反之常以兩種方式表達憂鬱或焦慮：

1生氣易怒：容易感到不耐煩、挫折、被批評、被嘲笑，和常以大聲或暴怒方式來表達自己的需求和意見，對很多事情習慣批判，講話如同刺蝟般帶有攻擊性，或是看什麼都不順眼。

2社交退縮：沉默、少講話，對事物缺乏嘗試的意願，對原本會做、喜歡從事的活動都失去興趣。這幾年諮商過程發現，青少年還會沉迷於網路遊戲或線上交友，甚而進展至約炮、一夜情等。

憂鬱的兒童與憂鬱的青少年，兩者的症狀也會有所不同。兒童因獨立自主能力不足，易出現較多的退化或依賴行為，變得更為幼稚、不符合該年齡應有的表現，例如：特別需要大人照顧，或三不五時跌倒、受傷或弄傷自己，或是發生洗澡洗不乾淨、用餐時飯菜掉滿桌，或變得愛哭、多惡夢、突然又開始尿床等，致使大人可能會有「孩子不用心、老是恍神」的感覺。

擅長青少年兒童精神領域的吳佑佑醫師說明，生病、情緒的改變，會使孩子出現退化性行為，因此確實可觀察到兒童情緒改變時相對會有比較多哭鬧、黏人等。不過某些表現或症狀，不一定只會在特定年齡層出現，青少年和兒童兩階段未必會看到很明顯的分界點，應從每個不同個體做觀察。

Q：孩子罹患憂鬱症／焦慮症，病期會持續多久？會康復嗎？

儘管兒少族群的心理健康問題越來越常見，但同時也是可以被治療的。

杜家興心理師分享，罹患憂鬱症或焦慮症的孩子，除了在發生較嚴重的身心症狀，如睡眠障礙時，會轉介給精神科醫師進行診斷與藥物治療之外，一般建議主動尋求心理師進行深入的評估與會談，嘗試從「行為層次」來減少不健康行為、活化健康行為；從「認知層次」來辨認出，並學會以正念的接納與觀察來對待負面與不合理思考型態；以及從「深層心理層次」來探索內在未曾獲得滿足，甚至受創的重要情感和需求，讓孩子重新感覺到自己被確認、被關心、被理解，以及獲得了陪伴，重新培養出對自己、對他人和周遭世界，以及對未來的積極和樂觀的觀感。若是屬於特定事件引發的憂鬱症狀，在積極的治療方案介入下，有些個案甚至兩、三個月就能有不錯的改善效果。若屬於中長期困擾引發的憂鬱症狀，因為孩子的治療會經歷信任測試期、嘗試開放期、探索混亂期、確認聚焦期、改變成長期、學會分離與結束期，所以完整的治療，通常要至少一兩年的持續心理介入，才會有深入的改善，不落入反覆發作的惡性循環。

吳佑佑醫師解釋，一般兒童青少年憂鬱症不一定需要長時間的藥物治療，但臨床上會需要進行數年不等的療程，主要是因為兒童青少年不僅要承受低落焦慮的情緒，還要面臨環境適應和課業學習等問題。另一方面，青春期少男少女亟需朋友、同儕的認同，如果因病無法維持其原有學習的表現或規則上學，也會擔心別人的眼光和想法，如此一來又增加他適應環境的壓力。

此外，由於一個人的性格會影響他適應環境的能力，因此孩子恢復的狀況如何，除了疾病本身的嚴重度之外，與其原本的個性本質也有相關性。

Q：有情緒困擾的孩子已開始接受專業治療，但似乎沒有看到明顯改善，我可以怎麼做？怎麼知道他的狀況有在好轉？

杜家興心理師指出，孩子情緒若有好轉跡象，從行為層面來看，最常見的是：他從不願意講出口，到會慢慢吐露心事；從習於向身邊的人抱以攻擊、對抗的態度，到願意與人交流、邀請進入他的世界，再到開始願意向人求助或請教；在日常生活中，他會開始想起周遭關心他的人與期望，然後他會發現、承認與重視自己內心那些在意的事，接納自己，欣賞自己，慢慢的他會有生活下去或探索世界的動機與活力。

從思考方式與心態來看，孩子會從抱怨、批評、無助無望、冷漠疏離、覺得不被他人喜愛、憤世嫉俗等負面和悲觀感受，慢慢轉變成能夠且願意承認自己與他人也有好的、脆弱的或不足的一面，進而能夠同時間看見自己或他人既有良善、也有黑暗的動機和特質，發現每一個人都在生活中煎熬、學習與成長。

吳佑佑醫師認為，有些孩子較會隱藏自己的情緒，外顯行為不易觀察得出來，大部分父母只要多加以觀察注意，或是直接關心詢問，都可以知道子女改善的狀況。而所謂的「變好」，有些是情緒症狀能獲得改善，有些則是原本拒學的孩子可以重回學校，有多種形式和程度，大人應從不同的面向去評估。同時不可諱言，即便兒童青少年接受了治療，難免會持續處在憂鬱、焦慮情境中一陣子，父母要有「治療需要時間」的心理準備。

「心理疾病」≠「叛逆行為」，釐清孩子的情緒變化

當青少年罹患憂鬱症時，不少父母常誤以為孩子的表現是叛逆。吳佑佑醫師指出，青春期風暴是成長過程的過渡期，表達對環境的不滿是個人情感發展上尋求自我認同的階段。但是憂鬱情緒較常以心情低落、對過去喜歡的事物提不起勁或不感興趣為表現，甚至還會產生「乾脆死掉算了」的想法。

杜家興心理師說明，青少年的叛逆有一部分是來自青春期發展任務的影響，也就是內心要形成一個能與其他人有所區隔的自我意識。所以孩子渴望自主獨立，希望切開過去那個慣於依賴父母的心態和模樣，試圖擺脫成人的控制、規定、要求，所以經常出現反抗長輩、師長等權威對象的舉動。而青少年的憂鬱，雖然和叛逆相仿、常以生氣和憤怒呈現，可是這種憤怒背後想表達的是「我很受傷、痛苦，你們根本都不了解我」的深層感慨，主要是想把心中不舒服的情緒展現出來，以及期待遇見一位能夠包容自己的不好、不足甚至缺點，又能看出及欣賞自己良善、潛在優點和願望的大人，這和叛逆追求報復與公平的狀態有明顯差異。

提醒家長，「叛逆行為」和「心理疾病」的表現有時很類似，以致常被忽略，宜多方及仔細觀察家中青少年，不要妄下判斷，失去適時幫助孩子的時機。

3-2

讓孩子開口說、好好聊

諮詢／沈孟筑（台北市立聯合醫院全觀心理健康中心諮商心理師）
黃雅芬（黃雅芬兒童心智診所院長）
文／黃苡安

青春期的孩子身心正面臨劇烈變化，情緒常起伏不定，父母大多視為成長階段必經歷程，過了青春期就可以和緩下來。然而如果孩子此時已有身心症狀，卻未及時覺察，可能錯失治療時機。

研究指出，約有50％的精神疾病會在十七歲前發生，儘早尋求治療，有助於減緩身心所承受的痛苦。根據美國遺傳學研究單位（Myriad Genetics）二〇二一年調查結果顯示，家有十六至二十四歲孩子的父母，僅半數能正確判別孩子是青春期的煩惱，或心理健康問題。

Q：如何和孩子聊讓他感到憂鬱或焦慮、擔心的事情？

兒童心智診所院長黃雅芬表示，家長得知孩子有情緒問題時，通常會很焦慮，不自覺就帶給孩子壓力，或不等孩子把困擾的事說清楚，就急著下指導棋或批判，結果造成反效果。孩子在談話過程中，情緒有沒有獲得紓解，或是更不舒服，這個經驗會影響他日後願不願意跟父母分享心事。

建議家長先穩住情緒、多傾聽，不急著發表意見，讓孩子多說一些煩惱的事，因為光是這個過程，就能帶來初步的療癒效果。孩子在充滿負面情緒時，理性是很難正常運作的，這時急著教他怎麼做，孩子通常聽不進去。

「如果我是你，遇到這種事，我也會覺得很不舒服。」讓孩子知道你跟他站在同一陣線，等孩子情緒和緩下來，理性功能恢復了，再引導他面對問題、思考解決方法；如果孩子努力了，還是想不出辦法，才徵詢他是否願意聽聽大人的經驗和想法。

台北市立聯合醫院全觀心理健康中心諮商心理師沈孟筑建議，先同理孩子的心情，不管情節多麼不合邏輯，讓孩子知道，他的情緒是被你接納的，避免用「這太誇張了！怎麼可能？」這類主觀意識去評論。

當孩子說完，家長可以重述一次內容，例如「你剛剛說學校發生ＸＸＸ事情，你覺得很憤怒，是這個意思嗎？」這樣做的意義，是跟孩子核對，表達你聽得懂他說的事，讓我們跟孩子的對話是雙向有意義的溝通，而不是他講他要講的，我們聽我們想聽的。

家長也可以主動詢問孩子的感受，例如「你現在有什麼感覺？」如果孩子沒辦法描述，再改用選擇題，例如「你覺得有點生氣，還是有點難過？」如果選擇題也不行，就用是非題，例如「我看到你在哭，你覺得很傷心嗎？」問的方式優先用開放式問句，避免落入先入為主的觀念。

Q：發生重大失落事件，例如親近的朋友、家人過世或寵物過世，是否會成為引發孩子情緒問題的最後一根稻草？可以怎麼幫助孩子？

沈孟筑心理師指出，憂鬱症不會因為單一事件引發，可能有好幾個危險因子相互作用而成。危險因子包括家族病史、壓力、在家長期被虐待或忽視、在學校被霸凌或人際互動困難、生活中的重大改變（例如父母離婚、搬家、轉學）、久病難癒及人格特質等，而悲傷失落，像是親近的親友或寵物過世，也是危險因子之一，極有可能成為壓垮情緒的最後一根稻草。

以寵物過世為例，家長可以協助孩子回顧這段關係對他的意義是什麼？例如「寵物過世你有什麼感覺？」「你覺得有牠在的時候，生活是長什麼樣子？」「你喜歡牠什麼？」任何細節都可以談，過程中一定會有很多負面情緒和悲傷，同理孩子的情緒，並協助他適應寵物不在的新環境，可以用比較有意義的方式去懷念，例如在床頭放寵物的照片、選一首歌紀念這段友情等。最後，陪伴孩子建立新的生活步調，例如從前去遛狗，現在改為親子散步，幫助孩子專注當下的生活。

孩子還可能認為，「如果我沒有這麼難過，是不是代表他／牠不重要？」所以才會一直陷入悲傷的情緒裡。父母可以跟孩子討論各種可能的紀念方式，並讓孩子決定想要的方式，表達我們並沒有忘記他／牠，但我們能持續往前走，過我們的生活。

黃雅芬院長表示，影響孩子情緒的因素非常多，重大失落事件只是其中一部分，其他還包括遺傳因素、天生氣質、生活及成長過程、近期的人際關係、支持系統，有沒有長期存在的環境壓力來源等，必須逐一釐清。

無論是親友或寵物過世，對照顧者而言，也正在經歷失落的過程，除了照顧孩子，家長也可以示範給孩子看，自己會如何因應這個失落事件，讓孩子理解有負面情緒是很自然的反應，不需要壓抑，但要藉由適當方式，例如，書寫、藝術創作或休閒活動，釋放情緒重新安頓內心。

Q：孩子會有情緒問題，是我的教育方式出問題嗎？

沈孟筑心理師長期觀察發現，父母的教養風格以專制型和忽視型，對孩子情緒的影響最為明顯。

在專制教養下成長的孩子，自我價值感低，原因來自於意見不被重視，凡事必須聽命父母，長期壓抑自身想法，較難明確表達真實的情緒感受。

至於忽視型教養方式，不論孩子的表現是好是壞，父母都缺乏關注與回應，孩子長期得不到足夠的情緒滋養，同樣會衍生出「我不重要」的價值觀，容易轉往家庭以外的環境尋求心理認可；或當孩子做什麼都無法得到父母關注及認同時，可能會出現偏差行為，來獲得關注。

在這兩種教養風格下成長的孩子，久而久之會變得不願表達情緒，或不知如何適當紓發情緒，覺得別人都不了解我，因此較容易引發憂鬱、焦慮等身心症狀，也影響人際／社會能力的發展。

此外，受虐孩子出現情緒問題的可能性也較高。虐待不專指身體上的虐待，還包含精神上的虐待，例如，言語辱罵與貶抑，有多名成年女性回憶，在青少年時期被父母以「妓女」、「援交妹」等字眼羞辱，雖然不見得引發嚴重情緒問題，但都讓她們與父母的關係產生鴻溝。

沈孟筑心理師指出，常被辱罵的孩子同樣有低自尊問題，當他們獲得成功，會把成功歸究為環境、運氣因素，不覺得是自己努力得來，這樣的孩子要增長自信比較困難，由於容易自我否定，可能引發失眠、焦慮、憂鬱等身心症狀。

Q：哪些事件會引發孩子產生憂鬱或焦慮感？什麼情況下是正常反應？什麼情況表示他受到嚴重影響？

黃雅芬院長分析，引發孩子情緒問題的環境因素，大多會落在家庭與學校的範疇，不同年齡層，原因也不盡相同。年紀較小的孩子，只要家庭有些變動，例如父母婚姻失和、經常更換照顧者、直接遭受或間接目睹家庭暴力、家人離家出走或經常不定期出差，引發分離焦慮等，都會讓孩子感到不安。學校因素則包括師生關係、學業表現、是否常被處罰、同儕關係等，越接近青春期，同儕關係的重要性就越大。

如何觀察孩子正在經歷情緒的重大困擾？有三個觀察指標：

1 **跟自己比：**遇到類似的事，孩子的反應變得和以前不一樣。

2 **生活功能：**食欲有沒有受影響？能不能維持原有生活作息？做事的動力有沒有改變？記憶力變差？成績下降？原本可以輕易完成的功課，現在花很多時間還做不完？

3 **時間長度：**憂鬱或焦慮情緒超過兩周以上未改善，顯示情緒問題較嚴重，不容易自行調適恢復，就要特別留意。

引發孩子憂鬱或焦慮的事件，未必是負面事件，有時正面事件也會成為壓力來源，例如，突然考全校第一名，下次就沒有退路，要一直設法維持領先；或畢業邁入人生新階段，對有些孩子是很大的變動，也可能成為壓力來源。

採取ＯＫ態度／行為引導孩子走出情緒風暴

親子間的溝通模式，需要積極檢視與調整，無論是原本就溝通不良，或孩子出現情緒困擾才變得難溝通，家長都可以透過調整應對方式，來引導孩子改變。

當孩子困在情緒風暴裡，家長要思考的是，「我需要多做些什麼，同時少做些什麼，對孩子才有幫助？」很多時候家長會陷入主觀想法而不自知，若能尋求專業人員協助，通常比較能夠跳脫既有框架，或參考他人的成功經驗，找出適合的改善策略。

父母要多做（ＯＫ態度／行為）：尊重、傾聽、引導表達、鼓勵／等待、歸納／確認、同理／回應、善用非語言溝通模式（眼神接觸、適當的肢體接觸）、和孩子維持建設性的合作關係、訓練孩子獨立思考等。

父母要少做（ＮＧ態度／行為）：權威、命令、恐嚇、盤問、否定、比較、批評／斥責、嘲諷／羞辱、自以為是、翻舊帳、打罵處罰等。

當家長也深陷情緒風暴時，通常很難維持理性對孩子做出ＯＫ態度／行為，此時可採取保持距離或暫停溝通的方式，讓身心狀態先穩定下來，當理性程度回升後，再回到孩子身邊陪伴。

3-3 疫情對青少年心理健康的挑戰

諮詢／吳佑佑（宇寧身心診所負責人）
杜家興（衛生福利部嘉南療養院臨床心理師）
文／鄭碧君

隨著冠狀病毒（COVID-19）侵襲全球，許多青少年因學校停課和各種活動取消，被困在家裡，錯過了某些重要的青春片刻，甚至因疫情造成的生活變化，而感到沮喪、焦慮或產生孤獨感。一篇二〇二一年發表於《兒童發展》（Child Development）期刊上的文章表明，在新冠病毒大流行時期，覺得孤獨的青少年越來越普遍；而為了尋找歸屬感，他們上網的時間越來越長，將增加上癮風險，而網路成癮又會進一步加劇其憂鬱症狀。針對可能出現的心理健康問題，大人應該怎麼給予協助呢？

Q：有疫情後，孩子少了與外界的互動，只是逐漸恢復以往生活常態後，青少年好像不太願意外出。如何鼓勵及引導他們？

宇寧身心診所吳佑佑醫師說明，疫情多少會對人際交往帶來一些影響，但這是大家普遍都會面臨的狀況，疫情減緩後，假使青少年有特別明顯的變化，不喜歡外出、不喜與別人互動，絕非單一因素造成。可能要綜合觀察他過去的個性，是否在疫情之前就有社會互動能力較差的現象，或是孩子個性比較內向、在人際關係上容易受挫，因此相對在家中會感到更舒適。

另一個可能是，疫情之前，原本受到父母管制3C使用時間的孩子，在防疫期間，因遠距上課的關係，只能開放；加上父母上班，小孩自己在家，對電視、電玩上了癮，疫情過後仍寧願宅在家。還有，現在的網路世界已經可以滿足許多需求，降低了過去一定要出門的動力。建議父母一方面協助孩子控制使用網路的時間，另一方面可增強他必須走出家門的動機，例如一起去運動、看展覽或電影、吃美食等。當青少年對外面的世界較感興趣時，就會願意往外探索。

嘉南療養院臨床心理師杜家興以其對兒少的觀察，認為疫情放寬時，一般孩子都會迫不及待回到同儕團體中，恢復原來的生活。若是孩子在疫情減緩後出現不跟外界互動的情形，父母可以嘗試釐清孩子於疫情開始與惡化期間，是否遭遇過哪些過度的刺激，或曾經在疫情期間對哪些人事物產生高度的恐懼和擔憂，例如，接觸到大量的疫病訊息，或得知有同年齡孩子，甚至是認識的人，在疫情期間死亡，孩子因而喪失安全感、掌控感和希望感，以致對與他人接觸感到恐懼或焦慮。

他也建議父母師長可依據「安身續好緣」來引導孩子面對疫情這類重大的生命衝擊。

1 **「安」住反應：**教導孩子辨認哪些是代表自己開始變得高度焦慮和恐懼的徵兆，如：心跳加速、老是想到不好或恐怖的結局、不知所措，或只想一味期待他人拯救。

2 **調「身」為先：**教導孩子不急著要求自己冷靜、轉念或正向思考，而是學習如何全心投入安撫自己身體反應的技巧，如深呼吸、伸展、步行或運動。

3 **持「續」作息：**鼓勵孩子維持既有的作息和活動，找回或累積內在的穩定、安全和掌控感。

4 **培育「好」心：**父母引導孩子一起每天透過禱告、寫日記，或線上分享等方式，紀錄或回想自己當日的好運、欣賞點和珍惜點，培養自己內在的堅韌與復原力。

5 **增上「緣」分：**鼓勵孩子接近能帶給自己積極心態、生命活力的人事物，尋回對生活與生命的自主與希望感。

要注意的是，通常青少年會有社交退縮問題，並不是單純因疫情、人際交往變少使然，同樣也和他們原本現實交友狀態相關。比方說，被霸凌、交不到朋友的孩子，儘管少了面對面的相處，但仍會延續到網路世界中，若加上在家時與爸媽的互動又有較多負面情緒時，便容易發生傾向一個人獨處的退縮行為。

Q：我怎麼知道什麼時候開始需要擔心孩子的狀況？假如他拒絕談論對疫情的感覺或心情，我需要擔心嗎？可以怎麼處理？

當孩子在疫情前後有明顯不同，吳佑佑醫師認為，特別是日常生活功能的表現受損時，務必要正視其心理健康。孩子如拒絕和父母談論，她建議大人們應回頭想想自己是否成了話題終結者，例如：當小孩說自己心情不好，爸媽經常劈頭就說：「你現在只要讀書就好，不用擔心生活上的問題，哪有什麼心情好不好！」或是當小孩表示自己壓力大，大人馬上回應：「每個人都是這樣啦！我在你這個年紀也一樣。」

因為急於幫孩子解決問題，或是認為大人講過了，孩子理當理解、接受，導致一部分父母習於以說教方式處理親子間的溝通，卻忽略了傾聽比給答案更重要，身教比言教更重要。

吳佑佑醫師鼓勵爸媽們應和子女保持良好的互動，當孩子有任何困難、問題，或是心理感到不安、情緒低落時，都可以向父母尋求幫助或提出討論。

杜家興心理師補充，疫情嚴峻、隔離措施，都對人們的身心健康造成明顯的衝擊。對孩子來說，父母與周遭大人如何因應至為重要。高度擔憂的孩子可能出現以下徵兆：談論疫情時有高出平常程度的情緒反應、過度謹慎或強迫性地執行防疫措施、高出平日程度的動機去關注疫情訊息；或者過度排斥聽見與疫情的相關訊息，突然開始頻頻談論有關病痛、分離、生死的話題。

如果孩子過於擔憂疫情，父母首先要想想自己是否以穩定、不慌張的心態來面對與防護，是否過於關注新聞報導，或過度討論疫情，宜適度加以調整，並且維持生活的穩定步調與健康作息。再者，父母可以向孩子說明有效的自我保護措施，並身體力行，一起製作酒精消毒液及隨身瓶，也可以帶孩子一起購買生活物資，增加其安全感與自我控制感。此外，也可以引導他們注意到在隔離措施和自我防護措施背後的利他主義精神，或者藉由一起祈禱感謝每一位遵守措施和努力做好自我防護措施的人，當然也包含父母與孩子在內喔！

Q：自從疫情爆發後，孩子花更多時間上網，會影響他的心理健康嗎？

杜家興心理師指出，孩子的身心健康包含三大部分：身體、心理情緒及認知層次（如記憶、思考等能力），大人應注意子女在這三個層面上是否獲得更多的經歷與體悟。孩子長時間使用網路，大多數時間只有腦力的輸出，讓生活過於單調刻板，如同久坐一般，的確會傷害孩子身心健康。而父母可以嘗試關注他們「有無獲得正向的情感交流」、「有無機會啟動身體的能量」。也可以嘗試增加孩子生活裡動一動的機會，例如請他們幫忙到巷口買東西，或邀他們一起出門添購物資，或是洗菜挑菜、準備水果等；也可以邀請孩子一起練習伸展運動、正念靜心。同時鼓勵父母可善用祈禱，讓孩子敬天地、愛自然、禮神明，感恩所有的正向與幫助力量，例如感謝農夫、製造商、貨運商和商店及父母辛苦賺錢，才能享有眼前安穩的生活。此外，建議老師們在教學時，善用線上課程軟體與資源，進行兩至三人小組的短暫討論與報告來提升人際互動。

除此之外，杜家興心理師也從自身輔導個案的狀況中，觀察到線上互動可能帶來表面化和加深對他人的不信任感等問題。他發現，大部分青少年多以匿名或虛擬頭像與人群互動，進而演變為發言不用負責任的網路酸民。或者在某個大社群裡另外創造出一個個次團體，形成所謂的小圈圈文化或同溫層，致使孩子看到大社群中盡是存在著經過修飾美化、不敢直接溝通、較虛假的互動型態。提醒家長，除了多引導子女正確使用網路資源之外，也應幫助他們提升現實世界中的成就感，例如將觀賞影片後獲得的靈感或創意，運用在日常生活，或是讓孩子規劃家庭旅遊行程等。

Q：疫情過後，孩子更常透過社群和他人互動，父母該注意什麼？

吳佑佑醫師表示，孩子在網路上認識哪些人、與誰互動、常使用哪些社群軟體，確實是家長應密切留意的另一個重點。青少年與暫時因疫情不能見面的同學或好朋友透過網路互動，和一群沒見過面、不認識的網友畢竟有很大不同，尤其某些人慣常以假帳號或假名在線上交友聊天，隨時可以斷線，甚至會衍生出欺騙等行為，難免對人與人之間交往的真誠度產生質疑。

然而，網路互動未必全然是負面的，吳佑佑醫師特別提出，這種方式有時反而是緩衝的媒介。她分享過去有位聽力受損但不喜配戴助聽器的個案，由於在現實人際中常發生溝通上的誤會，產生嚴重挫折感，後來便藉由結識網友，彼此熟悉後再相約見面，並在見面前將其聽力受損的問題先透過文字表達。由於雙方已在網路上交流一段時間，個案覺得對方已認識自己，使他能夠更自在地與人互動。不過，如果青少年在生活中只剩下網路的互動一種途徑，甚而長期使用不同假身分的話，大人就務必釐清箇中原因並予以導正了。

避免網路互動取代實際人際互動

杜家興心理師指出，從國內一篇有關「遊戲成癮」的研究結果來看，真正會網路遊戲成癮的大學生，是屬於「真實世界的成就與人際關係極弱，網路世界的成就與人際關係極高」的這一個族群。

然而網路社群是現代與未來生活的趨勢，是孩子不可缺少的能力，因此提醒父母，千萬不要將心力過度偏重在阻斷子女的網路社群，反而要採取了解、參與、交流孩子的網路社群經驗，必要時給予設限，而不完全斷絕網路使用時間。

更重要的是，父母親要帶領孩子一起從事並創造「真實生活中的人際關係、樂趣與成就」。例如，可以邀請有類似家庭組成的同事、朋友一起露營、旅行、參加各式活動。例如，參與淨灘、河川守護等公益社團的環境保護活動；或是透過露營學習求生技能、認識野外植物、觀察野外生物；藉由水上活動了解海洋、天氣、水流與生物型態的關係，以及各種水上器具的使用與技巧；或可透由文化表演學習美術與燈光設計、表演藝術、歷史素材與生命情懷。上述活動可以認識校園以外的人際圈與生活形態，也可以透過與此相關的社群媒體來拓展孩子的網路使用廣度。

3-4

陪伴憂鬱與焦慮的他，有所為有所不為

諮詢／沈孟筑（台北市立聯合醫院全觀心理健康中心諮商心理師）
黃雅芬（黃雅芬兒童心智診所院長）
文／黃苡安

焦慮和憂鬱的盛行率在全球有急遽上升趨勢，在年輕族群尤為顯著。根據二〇二二年五月發表於《美國醫學會期刊網路》（JAMA Network）的研究顯示，年輕族群未接受治療的原因，有近四成「不知道向何處求助」，三成認為「可以自行解決問題」。董氏基金會二〇二二年六月於《自殺防治學》雜誌發表的研究則顯示，二成五「明顯有憂鬱情緒需專業協助」的青少年，曾求助學校輔導老師，但他們往往不願讓父母知情，面對這些有情緒困擾的孩子，家長該怎麼做才適當？

Q：我的孩子有心理困擾，並接受專業治療，要告訴學校或他常接觸的人嗎？對方可以如何協助？他最不喜歡同儕對他說的話是什麼？

兒童心智診所院長黃雅芬表示，很多家長擔心孩子被貼標籤、被當問題學生，如果想告訴老師、找老師當隊友一起幫助孩子，建議先跟老師培養信賴關係，再針對親師合作進行溝通。評估親師關係的方式有兩點：

1老師是否願意傾聽家長談論孩子的狀況？是否樂意和家長合作陪伴孩子？

2對於比較特殊的學生，老師是否能接納，或是覺得麻煩、傾向忽略孩子？

不要一下子就把孩子的問題全部告訴老師，除了可能造成壓迫感，也容易誤導老師對孩子留下不好的印象，一次講一點點，慢慢釋放訊息，第一次和老師見面時，可以先簡單描述孩子的特質，以及期待親師合作，例如，「他的個性比較內向，心思很細膩，很想交朋友，但是比較被動」、「學習的部分容易粗心，遇到挫折會很快就放棄，比較沒自信，還請老師多多照顧」。

如果老師的反應還算正向，可以再多釋出一些細節，例如，其實有嘗試帶去看診／諮商、目前治療進展等，如果老師積極表達希望能協助孩子，接下來就可以找時間好好討論。

台北市立聯合醫院全觀心理健康中心諮商心理師沈孟筑提醒，先釐清想跟誰說？動機是什麼？例如，希望老師協助孩子按時服藥？擔心孩子狀況惡化或受傷？再跟孩子討論，「我擔心你在學校有狀況，所以我想跟XXX老師說。」讓孩子知道，你做這件事的目的，而且開誠布公和他討論，徵詢他的同意，還有這些對象必須是他信任的人。

如果孩子曾自殺或有自殺傾向，建議家長要讓輔導老師或導師知道，也讓孩子知道，在學校有狀況時，可以找誰幫忙，不會孤立無援，「多一個人保護你，不是監視。」

至於孩子不喜歡同儕對他說的話有那些？凡是攻擊到自尊、自信的話都不喜歡，例如「不要裝可憐」、「沒人在乎你」、「你變這樣是活該」。

Q：親子關係有點緊張（溝通不良）的狀況下，如何陪伴有心理困擾的孩子？陪伴過程要注意的基本原則有哪些？

黃雅芬院長建議，家長不要單打獨鬥，一定要找幫手，跟孩子關係友好的親友、還在讀大學的表（堂）哥／表（堂）姊，都是很適合的對象，若透過親友間接得知孩子內心的想法，一定要對孩子保密、避免拿聽到的內容去和孩子確認，以免傷害孩子對親友的信任，導致日後不願再向對方敞開心門。更重要的是，透過親友的陪伴和關懷，家長可以爭取到更多時間去改善親子關係。

家長忙於協助孩子處理情緒，經常忽略自身的情緒也需要被照顧，長期下來，感覺也快要跟著生病了。家長應建立情緒支持系統，除了信任的親友，孩子的心理師或身心科醫師也是可以求助的對象，不見得每次都是以照顧者的角色參與晤談，也可以安排屬於自己的諮商，先照顧好自己，跟孩子互動的品質才會好，透過專業人員協助，通常可以比較有效改善身心失衡的狀態。

Q：陪伴正在接受專業治療的孩子，有哪些注意事項？哪些話不能說？我可以和他討論治療過程及想法嗎？

沈孟筑心理師指出，心理治療不會是線性型進步，可能進三步、退兩步，進進退退，是振幅式持續往上。許多父母期待很快看到成效，常追問孩子「你有沒有好一點？」「你治療到底做了什麼事情？」對孩子而言，這又是另一種壓力。

能不能和孩子討論治療過程，可以問問孩子的意願。「你怎麼都不跟我說？媽媽花很多錢耶！」「你好歹講一下吧！」當你怎麼問，孩子就是不想說時，請接納他的不回答，他要的關心，就是你現在不要問他，「有時不做什麼，也是做什麼。」

批評和處罰不適合正在接受治療的孩子，父母可以設法增加孩子的賦能，即便是簡單的家事也沒關係，透過勞動，讓孩子慢慢累積一些成就感，因為憂鬱症／焦慮症發作時，孩子自我價值感是非常低的，邀請他討論可以做哪些事，在討論的過程中，也能讓他感受到父母的愛與支持。

黃雅芬院長說，家長須與專業人員建立信賴關係、積極參與治療過程，了解藥物作用／副作用，適度控管孩子使用３Ｃ的時間，避免影響睡眠，協助孩子均衡飲食，因為唯有穩固的生理基礎，才有利於整體病況復原。

如果親子關係不錯，可以一起從事紓壓活動，例如，晚餐後到公園散步、騎單車、打球、爬山、健行，或在家玩體感式運動電玩、伸展運動等，另外，也可嘗試正念／冥想、音樂欣賞、藝術創作等較為靜態的活動。

如果孩子不想一起運動或紓壓，家長可試著提出邀約，如果孩子還是不願意，就尊重孩子的意願，家長不妨先以身作則，維持自己的紓壓活動，向孩子示範如何維持身心健康。

家長也要檢視對孩子的協助是否做過頭，讓孩子保有自己的時間和空間，有些事讓他學會自己處理，不要凡事都急著幫他做，以免剝奪孩子成長的機會，造成不必要的心理依賴，反而不利於復原，還會讓他有錯覺，覺得自己什麼都不會。讓孩子累積成就／正面經驗很重要，不要說「我幫你比較快」，這樣會抹煞他這個人的價值，心情反而更低落。

Q：如何告訴家中成員，孩子的現況及需要的協助？有哪些注意事項？

沈孟筑心理師表示，如果家人關係不佳，不用細說；關係好的，才照實說，也要評估家人對心理疾病的理解，長輩有時比較難接受，可以先試探，「我有個朋友得憂鬱症」或引用新聞事件，依據長輩的反應，評估是否漸進式讓他知情。

如果家中有其他孩子，教他們如何與生病的孩子互動，而不是用「他生病了，你們要多包容他」的態度要求配合，因為有心理困擾的孩子，情緒強度多半很強，跟他對話很容易接收到負面情緒，一旦情緒被勾起，其他孩子也會抓狂，「憑什麼只有你可以這樣，我不行？」家長必須適時打斷對話，避免引發衝突。

黃雅芬院長認為，對於核心家庭成員／同住家人，照實說是必要的，因為有時家人會因為不理解而做出干擾復原的回應，例如，誤以為孩子偷懶，請假在家不上學，因而狠狠責備孩子，導致病情惡化。家長可以告訴其他家人，「孩子情緒行為失控，不是故意的，看醫師後，才知道他的腦部因為多重壓力影響生病了，需要治療一段時間。」

家人若有疑問或想了解如何幫忙照顧孩子，除了避免言行上的刺激、適度關心但不勉強孩子配合等，下次可以陪孩子回診，當面請教醫生。

如果是阿公阿嬤，則要評估他們的身心狀態，再決定說多少，如果長輩的個性容易過度擔心或十分保守，或對憂鬱症有誤解，很可能會反對孩子就醫，此時還是善意隱瞞比較保險。

陪伴孩子走得遠要先照顧好自己

父母必須把自己照顧好，陪伴孩子改善心理健康的路才能走得遠、走得好。有很多方面需要時常檢視和維持，例如，健康飲食、規律運動、充足睡眠、時間管理、紓壓活動、心理支持圈、財務管理、慢性疾病的治療與追蹤等。

自我檢視身心狀態的方式，除了定期進行反思，也可以借助問卷工具來評估，例如「台灣人憂鬱症量表」、「心情溫度計」或「簡式健康量表（BSRS-5）」，如果分數太高就要嘗試減壓（排除或延緩較不重要的待辦事項或安排短期休假），並改善自我照顧的措施。

現在網路上有巨量的資訊，但有些內容不夠正確，因此如何培養「網路識讀」能力是現代人的重要技能之一。可以從專業團體或公部門的網站開始查閱，例如「台灣憂鬱症防治協會」、「衛福部國民健康署」等，另外，可關注較具公信力的媒體或公益組織，例如《大家健康雜誌》、《親子天下》、「董氏基金會」等；追蹤具醫療背景的個人社群媒體，也能獲得最新且正確的資訊。

Ⅳ

因應逆境的魔力

——心理韌性

「心理韌性」佳的人不代表是「無敵鐵金剛」，
依然會有擔心、害怕、焦慮等，
但不會被負面情緒「打趴」。
家庭是讓孩子培養心理韌性的根基，
要多保留時間、創造機會，讓孩子練習復原力。

4-1

心理韌性——復原的力量

諮詢／陳秀蓉（國立臺灣師範大學教育心理與輔導學系教授）
陳質采（衛生福利部桃園療養院兒童精神科醫師）
李筱蓉（宇寧身心診所臨床心理師）
文／許以恩

「心理韌性」佳的孩子，遇到困難、挫折、壓力時，依舊會擔心、害怕、緊張與焦慮，但不會被負面情緒「打趴」，能順勢面對壓力與變化，積極面對困境，往後遇到類似情況，有機會變得更好。

近年新課綱版本多次調整，許多學生及家長十分頭痛。曉婷（化名）今年剛升上高一，她在爸媽的安排下，從小學過作文、鋼琴、畫畫等才藝，週末也常跟著爸媽到戶外露營，體驗過蚊蟲爬進帳篷、三天不洗澡的特殊經驗。曉婷習慣集中精神將學業完成，才有更多時間留給自己，上高中後，曉婷依舊保持積極樂觀的態度，即使課業難度提升，曉婷也展現十足「心理韌性」，克服課業帶來的壓力。但同班的阿漢（化名）卻相反，他因父母忙於工作鮮少陪伴，大多時間只有3C作伴，上高中後不適應新課程，也與新同學處不來，時常蹺課，讓阿漢的母親很煩惱。

孩子發展過程中，在人際關係、學業發展、家庭互動上常碰到各類問題。專家認為，「心理韌性」佳的孩子，碰到如上述變動，或是像疫情這類不確定性的事物時，能有更好且更快速的復原力；但也不用過於擔心自己的孩子「心理韌性」是否不足，因為心理韌性雖與先天特質有關，也能透過後天環境培養。

心理韌性與復原力

國立臺灣師範大學教育心理與輔導學系教授陳秀蓉說明，「心理韌性」、「復原力」等詞皆源自於 Resilience，最早在一九七〇年代由心理學家 Emmy E. Werner 所提出，心理韌性是指，當一個人碰到壓力或處在逆境時，能否因應、適應，並從中復原的一個過程；甚至在逆境中，還能延伸出更茁壯的能力，在下一次面對類似經驗時，過程中能更有韌性地面對。

宇寧身心診所臨床心理師、台北教育大學心理與諮商學系兼任講師李筱蓉則表示，擁有「心理韌性」的孩子，不代表是「無敵鐵金剛」，他們在面對困難、挫折、壓力時，依舊會擔心、害怕、緊張、焦慮等，但不會被負面情緒「打趴」，就算受了傷也可以很快復原，更積極的面對困境，還能從經驗中學到智慧，往後遇到類似情況，就有機會應變得更好。

陳秀蓉教授指出，除了與孩子本身個性有關以外，有良好功能的家庭、學校，孩子也較有機會培養出「心理韌性」。因為青少年個人能力有限，遇到壓力、挫折時，一定會產生脆弱、憂鬱或焦慮的情緒，但是如果所處環境具備資源，像是父母很支持孩子，學校裡有老師協助，孩子面對壓力時，能減少個人內在的資源的耗損，也較有能量去因應壓力。

復原力佳，情緒穩定度高

陳秀蓉教授也表示，相同的事件發生在不同的青少年身上，每個人因應壓力的調適能力有所不同。要觀察孩子是否有「較好的復原力」，可從以下三個面向來觀察：

1高風險狀態下，孩子仍可保持良好發展，例如課業維持在不錯的水平、與他人互動良好，甚至比預期有更好的結果。

2儘管有壓力，仍可保持正向的態度，持續面對壓力及處理壓力。

3經歷過重大事件，孩子從創傷中有較好的復原狀態。

復原力較佳的孩子，個性大多屬於外向樂觀、情緒穩定度高，碰到突發事件也不會過度擔憂，會積極去面對並解決問題。但復原力較差的孩子，可能因為受到過去成長環境的影響，時常處於焦慮、不安的狀態，當每一次碰到問題時，這些孩子較難處理事件帶來的壓力，因此陷入負面情緒中。

想要打破孩子面對壓力的困境，需要先了解孩子的成長經歷。

衛生福利部桃園療養院兒童精神科醫師陳質采舉例，像是早產兒先天體質不良，需要透過打點滴、鼻胃管餵食，相較健康寶寶可以從小被抱在懷裡餵奶，能感受人的溫度，早產兒孩子的早年經驗卻完全不同，也可能讓他們在有人靠近時特別「神經質」。不過，早產兒的初生經驗雖然如此，若在後天與環境的互動有機會改變，就可能從神經質、不擅長與人互動，轉變為主動積極、正向角度去面對各種事件的發生。

當孩子展現出良好的調適能力時，外在環境又會給予孩子正向回饋，且有良性循環。例如，就讀國一的小美，過去不擅長數學科目，也很害怕跟老師請教問題，但在一次考試後，老師主動找小美討論數學題，過程中小美發現題目經過拆解，並沒有想像中那麼難，小美不再那麼害怕數學題。且經過一次次的良性經驗，小美面對考試、有可能寫錯的壓力時，也有很好的應對能力，不僅迅速從緊張的情緒中復原而重啟動力，也透過有技巧的拆解題目，提高答對率。

可被培養的復原力

陳秀蓉教授表示，「復原力」可以是先天與生俱來，或者是後天透過與環境交互作用下，培養出來的自我資源。

心理學者針對如何生成「復原力」的過程，進行了諸多研究，大致可分為四個階段。

第一波，專注探討於那些是「復原力」的本質要件，初期的研究者觀察，即使在困境中的兒童，仍有良好發展及功能展現，具有十足抗壓性，研究者認為可能與個人內在的特質有關，包括個性堅毅、熱忱有活力、有創造力……等。

第二波，此階段進一步研究「復原力如何產生」，並加入家庭、學校、社區等不同脈絡系統，研究者觀察發展較好的孩子、和發展未如預期的孩子，兩者的成長過程中，在經歷同樣事件後，有哪些條件決定了他們能否順利克服困境。

第三波，開始討論如何以「介入」方式培養復原力。例如，減少讓孩子置身在恐懼、危險的環境當中，增進孩子的家庭支持、與周遭環境友善互動等方式來增強孩子的復原力。

第四波，人所擁有的「復原力」，從最初的原生遺傳、神經、生理表現，再經過自己與社會、家庭、同儕、學校等互動，經過多層次、不同系統所生成的復原力，最後統合回到個人身上，使得他們未來遇到困境時，調適能力會比過去的自己更有優勢。

心智化能力──和諧的調節

心理韌性是指，當人碰到壓力或處在逆境時，能夠勇於因應和適應，在困境中展現復原力，更加茁壯，要不斷增強心理韌性，「心智化能力」也是重要的助力之一。

心智化能力為一種可以了解自己外在與內在意志，同時也可以理解別人的認知及情緒狀態的一種能力。掌握了心智化能力，孩子與他人互動時，就可以更精準了解及表達出自己的想法，並調和別人提供的資訊，無形中提高了自己的心理韌性。

陳秀蓉教授指出，學者研究「心理韌性」的發展歷程時，發現好的心智化能力是擁有良好心理韌性中的一項關鍵。擁有這項能力，就能因應環境、事件做調整，讓人保有彈性。

例如因為疫情，花費許多時間與精力準備的成果發表會被迫取消，孩子可能會覺得沮喪、焦慮，這時若具備心智化能力，孩子一方面了解自己內在的狀態，並開始貼近自我想法，逐步調整；另一方面也能理解並接受受到疫情限制的這項事實。此時孩子就不會滿腦子「糟透了」、「沒希望了」等負面想法。如果又有不錯的復原力，即便再度碰到如同疫情這類不確定的狀態，孩子也有能力去面對不同的挑戰。

陳質采醫師也舉例，就像本來每天習慣在家開伙的人，若身邊突然有人生病了，需要多花時間來照顧對方，這時心理韌性佳的人對於「開伙」這件事就會有彈性作法，如改用即食包等或半成品來替代，雖然不習慣，但還是一餐。而沒有韌性的人，堅持一定要天天開伙，搞得蠟燭兩頭燒，此時就會認為自己「什麼都做不好」。

心理韌性較好的人，即便面對未知，也能專注當前，不容易陷入焦慮而備受干擾。像是美國「籃球之神」麥可喬丹（Michael Jordan）在某場球賽中關鍵時刻大逆轉，賽後接受媒體訪問，當記者詢問麥可「丟最後一顆球時，心裡在想些什麼？」麥可回答說「我能想什麼？就想著球進去」。

陳質采醫師說，麥可在比賽過程中，全神貫注，沒有陷入會不會進球的焦慮，這樣的心理韌性，就是讓他成功進球的關鍵。

4-1-2

可改變的心理韌性

諮詢／陳秀蓉（國立臺灣師範大學教育心理與輔導學系教授）
李筱蓉（宇寧身心診所臨床心理師）
文／許以恩

當孩子本身擁有復原力，家長、師長、前輩給予支持性資源，就能幫助孩子抵擋「脆弱因子」帶來的影響，每一次的經驗有助於持續生成復原力，心理韌性也如同訓練肌肉一樣可日漸壯大。

被媒體譽為「國防部史上最強發言人」的羅紹和，出身貧窮家庭，爸爸酗酒家暴，媽媽離家出走，他和弟弟被安置到育幼院，時常沒錢吃飯，被同學取笑，非常沒自信，但他堅持努力做好每件事，考進政戰學校後，一路從排長當到少將，多次榮獲國軍楷模殊榮，徹底翻轉弱勢命運，生命歷程也展現強大的心理韌性。

心理韌性的保護因子與脆弱因子

每個人與生俱來的人格特質、家庭條件、學習背景都不同，所發展出來的心理韌性程度也不一，心理韌性較佳者，面對逆境、挫折時不輕易放棄，而是勇於「直球對決」，但心理韌性較差者，可能無法容忍挫折發生，而出現不願意面對、退縮的反應。

雖然每個人擁有的心理韌性不同，但心理韌性可以從「後天培養」，因心理韌性發展與大腦前額葉、神經生理發展有關，趁孩子還在發育期間可塑性高，從小開始訓練，效果更好。

國立臺灣師範大學教育心理與輔導學系教授陳秀蓉表示，若個人的生長家庭屬於「脆弱家庭」，即因為貧窮、犯罪、失業、物質濫用等，導致照顧功能不足，造成物質、生理、心理、環境等脆弱性，可能導致其心理韌性較低。若生長環境進一步惡化的情況下，上述因素可能成為出現輕生等行為的「危險因子」。

雖然「脆弱因子」並非一時半刻能解決，但增加「保護因子」可以減少危險因子的發生，並可以加強復原力，更可對抗危險因子，常見的保護因子有社會支持、自我認同、緩解壓力、情緒調適、未來規劃及掌握、理性判斷與幽默感等。

陳秀蓉教授強調，生長在脆弱家庭的孩子，成長過程中，如果有更多「保護因子」的加入，例如：家長、師長或專業人士，適時地在孩子遇到困境與逆境時介入，使得孩子獲得外部的支持性資源，抵擋「脆弱因子」造成的影響，每一次經驗都有助於孩子長出復原力，心理韌性也如同訓練肌肉般能日漸壯大。

保護因子越多越能從逆境中復原

要了解孩子是否有「克服逆境」的特質，陳秀蓉教授指出，只要從孩子與環境的互動就可以觀察出來。例如：高三學生在升學考試前，須經過一次次的模擬考，每次的成績不一定都盡如己意，若孩子面對答錯的題目時，用積極的態度來釐清錯誤，並在下一次考試時不再犯錯，代表在逆境中可以更快地復原。

但是，孩子本身若有些遺傳或與人格氣質相關因素，例如憂鬱、焦慮的孩子，這些潛藏的脆弱因子，因為升學考試的壓力下，使孩子的心理狀態不佳，將脆弱因子誘發出來，從憂鬱傾向演變成憂鬱疾病；為了避免脆弱因子過度影響孩子，除了外在的保護因子以外，也應盡早培養孩子內在的保護因子，像是培養孩子擁有正向特質，使其對考試壓力時，信心不會輕易被擊潰，即可讓孩子從逆境中復原。

要協助孩子培養個人保護因子，可先建立孩子的自信心，自信心包含肯定自我價值，以及相信自己的能力、願意主動面對挑戰的自我效能感，進而衍生出良好的溝通能力、人際互動關係等，甚至有「創造性問題解決」能力，包括發現事實、發現問題、發現點子、發現解答、尋求接納，都屬於保護因子。

不同個性的孩子，遇到壓力事件則有不同反應。陳秀蓉教授指出，像是「高敏兒」若在生命週期中突然出現了一件「重大事件」，該事件可能變成「吸引因子」，將過去內心不好的記憶「全盤吸出」，導致高敏兒孩子在碰到這件事時，想法特別負向、情緒特別強，適應行為顯得與一般人不同。

因為「高敏兒」本身就是一個脆弱因子，或是生活環境很糟，因而留下了不好的內心記憶。因此，在這之前必須了解，孩子生長背景的脈絡，以及孩子「現在狀態為何」，一旦經過了解背景脈絡，就會知道高敏兒孩子，與擁有高復原力、樂觀性格的孩子，面對壓力事件會有截然不同的反應。

陳秀蓉教授也提醒，諸如高敏兒等個性分類，只能當作特質研究，屬於個別差異，無法用於個人解釋，若要了解高敏兒是否也有復原力的這項特質，需要搭配其他量表，像是憂鬱情緒量表、失功能態度量表（Dysfunctional Attitude Scale），一同進行評估復原力。

分層次同理情緒

一般而言，孩子有可能早期受到挫折、壓力，但遲遲未去解決或學習成長，而事情則不斷地發生，孩子的力量尚未培養完成之前，只好一直用同樣的方式去面對。

大人第一時間不能妄下斷言，而是要停下來「去理解、接納孩子現在的狀態」，尤其當孩子的情緒張力很強時，大人可以先去理解孩子現在的感受，或許孩子已經壓抑許久，老師及家長過去都不知道孩子發生什麼事，但此時可以先「開放」一段時間，讓孩子自己願意說出感受、想法、挫折、痛苦及不舒服。

如果孩子願意說出，且有人願意理解，孩子的情緒就會降溫，這就是心理學中的「情緒調節」，少了情緒，孩子開始變得有選擇能力，從過去原本沒人了解我，到孩子願意說出口，因為情緒可以被理解；不過要承受住孩子的情緒，家長、師長也要有很高心智化能力，才能陪伴孩子調整情緒。

陳秀蓉教授表示，以專業心理師的角度，會先了解個案是否有脆弱性因素，經過心理師協助，樂觀、擁有復原力的人，可以很快地找到自己適應的力量，不過有些孩子個性比較被動、退縮、孤獨，這時可能先需要一個安全關係角色，讓孩子慢慢打開心，找回原有的能力。

給憂鬱孩子心理支持，長出復原力

宇寧身心診所臨床心理師、台北教育大學心理與諮商學系兼任講師李筱蓉觀察，臨床上最讓家長傷腦筋的青少年前三名情緒問題為焦慮、憂鬱、生氣暴怒，通常須先觀察兩週。若孩子心情雖不好、難過，但日常功能、生活表現沒受太大干擾，代表其心理韌性較高；而心理韌性不夠的孩子，情緒不好連帶出現行為退化或暴衝、學習退步或拒學、人際互動退縮、飲食或睡眠狀況明顯改變等，就要考慮尋求專業評估與協助。

陳秀蓉教授則認為，若標籤化、刻板印象，一直告訴孩子他是「憂鬱症」或「焦慮症」，這句話認定了孩子的憂鬱很嚴重，也似乎是在暗示孩子不趕快好起來，就無法擁有好生活。實際上應給予孩子心理層面的支持，協助他們長出復原力而擺脫憂鬱。告訴孩子他們自己原來就有抵抗力，現在經過醫師釐清，可以做些調整，調整一段時間，就可以擁有你想要的，並將之回歸生活的一部分。

無論是憂鬱或焦慮的孩子，若從現在開始，讓孩子體驗新的經驗，且是好的經驗，自然就不需要留在憂鬱或焦慮不安的念頭，自然而然就會放鬆。若孩子因應環境，開始反轉、克服，內在生出和諧感，也很容易帶出自我認同感，例如：孩子可能因父母忙於工作，忽視內在需要而產生憂鬱，這時父母若調整工時，花更多時間陪伴孩子，透過實際行動，每天晚上一起用餐，假日到森林公園走走，強化家庭滋養的功能這項保護因子，即可減低憂鬱對孩子造成的影響。

前輩的支持能增加保護因子

目前有多項研究也發現，孩子除了有較好的認知能力、開放態度、追求卓越、負責任的能力以外，若與父母關係良好親密、社區學校中有很好的支持前輩、老師，或者大哥哥、大姊姊這樣的角色，也有助於增加保護因子。

在大學學習網絡中，研究生、助教等通常是學長姐擔任，對於大學生來說，除了老師、同儕以外，又多一層學長姐的支持。陳秀蓉教授說，若學生遇到困難時，不敢開口跟老師、父母說，或許願意跟學長姐說，透過這個資源也可以成為大學生的保護因子。

相較之下，國高中沒有大學學長姐、助教這類制度，較為不利，不過社團成員有共同理念，也是能發揮重要的影響力，社團內的學長姐也可以帶領學弟妹，或者家中的兄弟姐妹也可以互帶。

4-3 讓孩子練習面對挫折

諮詢／陳質采（衛生福利部桃園療養院兒童精神科醫師）
李筱蓉（宇寧身心診所臨床心理師）
文／許以恩

在孩子小的時候就開始引導他學習自我覺察、練習選擇及承擔後果。當孩子有機會練習面對犯錯與挫折，從中學習，才能從一連串的學習修正中建立強韌的心理韌性。

由經濟合作暨發展組織（OECD）發起的國際學生能力評量計畫（PISA），每三年舉行一次，評量對象為十五歲學生，評量其閱讀、數學以及科學能力，至二〇一八年已有七十九個國家參加，評測學生達六十萬人。台灣從二〇〇六年開始加入計畫。二〇一九年公布二〇一八年的評量結果，在「害怕失敗指數」中，台灣學生得分是「全球最高」，引起眾多教育界名人、老師、家長於網路、媒體上討論，憂心「我們教出一堆害怕失敗與挫折的學生？」

自信心不足的孩子，容易害怕失敗，自我價值感、自我效能感也較低，面對挫折和失敗的時候難以「振作」，不相信自己可以戰勝困難的事物。因此，若能及早讓孩子擁有自信心，不害怕碰到挫折，勇於面對並解決問題，這也符合心理韌性中「屢敗屢戰，越挫越勇」的最根本意涵。

及早培養孩子的心理韌性，讓孩子知道自己是具備掌控與實現自我價值的主人，無論順境或碰到困境，相信自己有能力達成目標、解決問題，能勇敢面對不同的挑戰及錯誤，經過一連串「學習獲得與修正」，孩子才不會因膽怯犯錯，而自行關閉了自我嘗試學習的機會。

過度自我保護易陷入負面情緒

孩子在發展過程中，受限於理解與表達能力還不夠成熟，經驗也不足，無法做出如同成人一樣周全、合適的選項，但這些都沒關係，讓孩子有機會練習，在適度範圍內勇敢犯錯、敢嘗試，即便弄錯了，天也不會塌下，不會因而傷害自尊而裹足不前。

反之，因為怕失敗、怕挫折而退縮的孩子容易失去學習成長的機會。宇寧身心診所臨床心理師、台北教育大學心理與諮商學系兼任講師李筱蓉表示，心理韌性低的孩子，當處於挫折、壓力階段，直覺式地「過度自我保護」，面對挑戰不斷退縮、不敢嘗試，陷入「失敗就毀了、完蛋了」的負面認知與情緒，不僅容易被環境「打趴」，失去學習成長的機會，還增加罹患身心疾病的風險。

讓孩子承擔選擇的結果

培養孩子的心理韌性，需要從生活中學習，讓孩子有機會從逆境中成長。而孩子最先的學習場域就是「家庭」，因此家長就是孩子最棒的心理韌性教練，也扮演關鍵重要角色。

李筱蓉心理師鼓勵家長，應讓孩子從小練習做「選擇」，且承擔後果。例如：出門前穿什麼樣的衣服，讓孩子自己選，若天氣冷，但孩子不願意帶外套，家長別急著和孩子起衝突，可以讓孩子「承受」沒穿外套的後果；若感覺到冷，孩子就會學習到，未來應多加考量，聽聽別人好的建議。她也提醒，讓孩子練習選擇承擔後果的任務，必須是安全的小事，即使孩子做的決定不是爸媽最期待的，只要後果沒有安全上的顧慮，也無傷大雅。如同天氣冷，但孩子不穿外套出門，爸媽只要叮嚀孩子在包包內多帶一件外套，冷的時候就穿上，就可以解決。

當孩子遭遇到挫折，家長可以告訴孩子，有挫折沒關係，人都會犯錯，讓孩子知道感受到負面情緒「很合理」，並陪伴孩子接納自己的情緒，溫柔承接住孩子的情緒。李筱蓉心理師也提醒，若孩子已經「負能量噴發」，家長別急著回「你想太多了」、「不重要，別理他」，這樣的話語聽在孩子耳裡，會感覺自己的情緒經驗被家長否定。

多元化思考會有更多的接納

相較家中可能僅一、兩個孩子，若學習場域換到學校，一個班級有二十至四十幾個孩子，每個人有每個人的觀點，可以學習的機會也愈多，老師更有機會引導學生做「多元化思考」，引導學生進行分享與交流，學習了解一件事的發生，不見得只有單一原因。

李筱蓉心理師舉例，像是A孩子想去跟B孩子玩，結果被拒絕，A會認為「B不喜歡我！」，「心理韌性低」的孩子會認為「被拒絕很丟臉」、「我就是不受歡迎」、「以後不要跟別人互動了」，但其實可能B同學當下心情不好，或個性害羞，或剛好在忙別的事情、或有其他原因，A可以不用因為一次受挫而全然放棄。

老師除了讓孩子練習從其他同學的角度思考，也可以讓孩子練習從老師、「爸媽」的角度，練習做換位思考。

此外，老師還可以讓孩子練習「觀察自己」，感受自己的生理、情緒、想法、行為上的線索，理解自己「處於何種狀態」，問孩子「你知道為何有這個狀態嗎？」，讓孩子練習「理解自己」，幫助他日後在與他人、環境互動時，能更有意識地去覺察自己、表達自己、與人交流。

李筱蓉心理師表示，比起孩子犯錯時，家長開罵不用幾分鐘，帶著孩子練習「覺察自我」需要花時間，也需要刻意練習。不過從小培養是有好處的，當孩子愈來愈嫻熟這樣做時，孩子在未來會更有能力與自己或與他人對話，即使挫折再次出現，也可以減少產生無法因應挫折的狀況。

除此之外，父母、師長自身的情緒表現，對孩子來說，也格外有影響力。李筱蓉心理師提醒，不是只有孩子要學習如何面對失敗、壓力，家長、老師對孩子失敗、壓力的反應，也要練習。若家長因孩子失敗也出現挫折、焦慮的反應，對孩子來說恐怕是件「恐怖事」，甚至擔心若自己犯錯，爸媽會不會不愛我。

鍛鍊心理韌性的日常訓練

衛生福利部桃園療養院兒童精神科醫師陳質采提供在日常生活中，如何訓練心理韌性的方法：

一、自我覺察

自我覺察是對自己身心反應和過程的覺察，包括感覺、慾望和行為的衝動，以及對自己想法的覺察。身體會依據想法做出反應，而身體的感覺也會影響你的想法。

自我覺察是進行自我選擇和控制行為前的必備條件，更是心理韌性和情商技巧（EQ）的基礎。如果想管理自己的想法和感覺，首先要做的就是打開自我覺察之窗，讓我們有機會在選擇、決定和行動之前，停下來考慮一下。

例如在一場國際跑步賽事中，能力超強的非洲選手突然跑錯方向，美洲選手雖然很希望奪得冠軍，但他覺察到雖然想贏，但自己和對方實力仍有落差，最後選擇了幫非洲選手一把，讓對方回到比賽路線，奪得冠軍，而自己則居第二名。陳質采醫師認為，美洲選手這樣的覺察，不被想贏的慾望和情緒淹沒，就是心理韌性的展現。

二、將注意力專注當下

當注意力無法集中在當下時，擔心著未來或後悔過往，這通常會讓你感到有壓力和不快樂。例如一名大學生趕報告，看到周遭的人買新電腦，也換台新電腦，但報告截止時間僅剩下一周，因操作不熟悉，不斷地糾結如何使用新系統，導致報告寫不出來。陳質采醫師建議，這時應適度調整，讓自己更專注在撰寫報告的當下。

三、讓自己從強烈情緒中抽離

讓身心從強烈的困擾情境中抽離以保持平靜理性，也是訓練心理韌性的重要步驟。可先試著將身體放鬆，像去大掃除、騎腳踏車、跑步等。先讓身體離開現有情境以轉換心情。一旦身體放鬆了，心理上的抽離就會比較容易。

心理上的抽離，則是放下內心的掙扎或抵抗，積極的接受，而不僅僅是放棄。陳質采醫師舉例，如近期經歷分手的青少年，不知情的身邊好友仍不時傳來有關對方的訊息，情緒頗受影響，這時應該要主動告訴朋友，已經和對方分手，請不要再發來相關的訊息，主動試著抽離及封鎖。

四、讓生活保持積極性

積極性不僅僅是沒有負面情緒，而是將注意力轉移到積極性上，從消極情緒中撤出，停止為其提供能量，同時不要與之抗爭。這樣可以自然地取代消極性，而不必先要致力擺脱不好的感覺。

4-4

以家為本，強化心理韌性

諮詢／陳秀蓉（國立臺灣師範大學教育心理與輔導學系教授）
李筱蓉（宇寧身心診所臨床心理師）
文／許以恩

日常生活充滿不確定的情境，一旦超出自覺可以控制的範圍，就會產生焦慮、失望、憂鬱等情緒。父母可以先做好預防，因應環境的不確定，創造穩固的家庭保護因子，成為孩子復原力養成的根基。

現代的生活步調太快，知識不斷更新，父母不僅都要工作，陪伴孩子的時間有限，更得不斷學習，壓力山大。許多父母因此容易按捺不住性子，情緒也不好。雖然如此，但家庭是讓孩子培養心理韌性的根基，家長應該要多「刻意」保留時間、創造機會，讓孩子練習培養心理韌性。

要培養孩子的心理韌性，得先讓孩子從小就了解何為「責任感」，並學習負責。例如，在客廳玩玩具卻沒有收好，隔日孩子被滿地的玩具給絆倒。在這過程中，父母不應該插手整理玩具，而是讓孩子發現自己的問題，會導致不好的後果，這段經驗讓孩子學習負起責任，也是在培養他的心理韌性。

國立臺灣師範大學教育心理與輔導學系教授陳秀蓉認為，對孩子來說，家庭是協助他的「穩定功能」，包括緊密連結、有穩定感的家庭氛圍，家長要做生活的楷模。

同時，家長可以常常跟孩子討論「責任」，包括參與性、計畫性、合作性，例如可以透過讓孩子協助烹煮，了解到「規劃與責任」這件事，孩子後續也能將之運用到課業、休閒遊戲中，自己開始著手規劃與討論。或是也能帶孩子去露營，在規劃旅行中，讓孩子負責部分的責任，像孩子喜歡玩音樂、舞蹈，就由青少年自己規劃。孩子若越能參與，就越能有人際連結及互動。

家長也可以與孩子一起討論他們的擔憂以及想要的，例如，孩子想要學熱舞，但擔心影響課業，家長可以與孩子討論時間規劃，若孩子執行一段時間後，發現段考成績不理想，可再次調整時間分配，隨著陸續修正，孩子從中學習面對自己的問題，若能不怕犯錯、勇於面對與改正，自然可以維持課業表現，也能開心享受跳舞，通過這樣的經驗，孩子也就增強了心理韌性。

家庭是一個保護因子，當人在日常生活中，遭遇到太多不確定的情境，一旦超出可控制範圍、生活掌控度降低，就會讓人產生焦慮、變得難以控制情緒，轉而失落、失望、憂鬱。因此，家長能為孩子創造一個穩固的家庭環境，對於作為個人的保護因子是很重要的。

例如，全球突然發生新冠肺炎疫情，對任何人來說都充滿不確定性，這時父母可以主動去減低外在環境影響的不確定性，讓孩子焦慮感降低，像是穩定日常生活型態、建立規律作息或加入運動時間等。在防疫期間也應該成為孩子的隊友，遇到小問題時，短時間內就做調整，不要等到大問題才調整。

陳秀蓉教授也提醒，父母要有覺察與溝通能力，依照兒童或青少年不同年齡發展的能力去互動、溝通、理解孩子，並要詢問來理解孩子的狀況，如果只是父母自己想像、猜測，落差將會帶來很大的衝突。譬如在新冠肺炎疫情期間，因為防疫措施孩子得居家上課，不同年齡孩子在家上課，依照彈性給予孩子不同的需要。當看到孩子突然「無法連線上課」，另外一個孩子則在打電動，這時父母要

「正念」，就要回到當下，依照孩子現在的狀況，適度給予提醒或指引，或事後跟孩子討論，以後遇到這樣的狀況該如何處理，如果只是用罵，無法讓孩子回到安全或穩定狀態。

另外，當孩子做得好時，父母不要吝於給予讚賞，以及告知孩子哪些進步，哪些做得很棒。回饋給孩子時，要「正向真實回饋好行為，多於不好行為」，不好的行為則要先緩和自己的情緒，再提供適度的指引。陳秀蓉教授強調，若家長只注意到不好行為，當下反應又很大時，親子關係反而惡化，父母自己也沮喪；若多些正向鼓勵肯定，小孩自然會在行為規範裡，願意做更多，這是動機上調整，如果孩子一直被看見不好的，他就寧願不要做。

培養孩子心理韌性的十個技巧

宇寧身心診所臨床心理師、台北教育大學心理與諮商學系兼任講師李筱蓉分享美國心理學會（APA）官網文章提供給父母和老師的建議（https://www.apa.org/topics/resilience/guide-parents-teachers）：

★聚會建立連結

鼓勵或協助孩子跟別人有所連結，例如跟家人、師長、同學、好朋友建立良好關係，當遭遇挫折、壓力或特殊狀況時不用獨自面對，可以得到社會支持，提升心理韌性。

★提供孩子幫助別人的機會

不論是日常互動或是去當志工，幫助別人的同時，自己也會獲得力量。家長和老師可以跟孩子一起討論助人的管道與方式，協助創造服務機會。

★維持規律生活作息

穩定的生活環境和規律的生活作息，能夠讓人感到安全、能掌握且放心，日常生活作息混亂，變數太多，對孩子來說挑戰性很高。若遭遇天災、人禍、重大疾病或挫折，對孩子都是很大的事情，應盡量協助孩子維持穩定的日常結構。

★教孩子喘口氣、休息一下

教導孩子把注意力焦點放在自己能夠控制、可以做的事情上，練習覺察情緒，不用糾結在非理性想法上。比方說，碰到同學不理你，要跟你切八段，這時小朋友多半會生氣、起衝突，甚至感覺「我的世界崩解了」，大人可以提醒孩子不一定此時非得要跟同學玩，先試著做一些自己現在能夠做的事情，例如下課時自己看書、找其他同學玩。又比如說，上台表演之前太過緊張，已經手腳僵硬、腦筋一片空白，腦袋裡面想著一定會完蛋……，這時不如練習腹式呼吸，有助於紓緩情緒。

★教孩子懂得好好照顧自己

好好吃飯、好好運動、好好睡覺，這些照顧自己的基本方法，對孩子的身心平衡很重要。要增強心理韌性，得把身體顧好，讓生活中有些開心滿足的事情，遇到壓力大的事情才能夠維持平衡與穩定。

★教孩子為自己設定合理目標，朝目標前進

設立明確具體的目標，有助於孩子集中資源朝目標前進，面對挑戰也比較能夠建立韌性。家長和老師可以協助孩子將大目標切分為較小的階段性目標，逐步完成。

像是要孩子考試從五十分要變一百分，一下增加太多，就不太合理。不妨跟孩子討論，先從五十分進步到六十分及格，目標可行性高，孩子也覺得自己有機會達成，因此願意努力朝目標邁進，這時已開始為自己提升韌性。

★以正向觀點看待自我

告訴孩子，不一定要成功才叫做好，只要有努力、盡力而為，用正向角度看待，不一定要以成敗論英雄。另外，可以請孩子回憶過去成功因應困難的方法，這些經驗可以作為未來面臨挑戰的參考。例如：遇到很害怕的事情時，是怎麼讓自己鎮定下來；上一次有好的表現，是做了哪些準備和努力才達到的。

★眼光放遠，保持希望

當孩子遇到痛苦、艱難的事情時，引導孩子別只是關注在眼前的不順利，而是教導孩子用更寬廣的視野來看待，眼光放遠一點。不要因為一次失敗，就覺得自己永遠都會失敗，甚至誤以為自己就是「魯蛇」。不好的事情終究是暫時的、會過去的，未來還有機會去改變和掌握。

比如說，孩子國中會考失常了，升學志願不如預期，再怎麼抱怨、後悔也於事無補，而且還會影響下一個階段的適應，不如在新學校好好努力發揮，未來還有無限寬廣的發展空間。

當然，大人從日常生活中也要以身作則，不只是教小孩不要抱怨、不自我設限，但自己一天到晚挑毛病，培養心理韌性「言教跟身教一樣重要」。

★尋找發現自我的機會

不管在家裡或學校，課業學習、人際互動、重大事件都可以讓孩子成長，無論成功或失敗，都有助於自我瞭解。

失敗對有些人來說是「養分」，也可能是「毒藥」，如果用正向觀點看，面對失敗更重要的是從中學到了什麼；挫敗有助於讓孩子瞭解自己是什麼狀態，幫助自己成長跟進步，這也是心理韌性的培養。

★教導孩子接受改變

改變是人生的一部分，例如：好朋友突然搬家要轉學，或經過畢業、升學考試，到了不同的學校，無法繼續當同學，有時孩子會難過、生氣、甚至指責對方，但可以教導孩子，雖然跟好友不能再朝夕相處，但是已經留下很棒的回憶，日後還可以持續保持聯絡。

又或是國小孩子面臨每兩年一次分班，換老師、換同學，有些孩子就會很害怕、很擔心老師很兇、同學不好相處等，而讓自己心情不好，這時不妨轉換思考，搞不好遇到不同的同學，累積更多朋友，老師如果很兇，就代表要求高，也可以讓我有所成長，培養好的學習習慣，打下好基礎。面對變化與其擔心，不如接受改變，從中找到學習成長的契機。

編輯後記

陪伴時，記得等等那些「難搞少年」

文／葉雅馨（董氏基金會心理衛生中心主任
暨大家健康雜誌總編輯）

《征服心中的野獸》是多年前我們選譯出版的一本圖文書，我非常喜歡，該書作者是一位罹患憂鬱症的青少年，以「具象化的圖畫」詮釋自己走過憂鬱症歷程的心情感受。這次在編輯本書的過程中重新翻閱，讀到那本書的編輯後記，當時和讀者們分享了我那正值青春期的大女兒的日常互動，她一句「幹嘛什麼都要理由，這麼愛問，不想告訴妳！」、「什麼溝通？不就是要聽妳的……」，令當時的我焦慮不安，能做的是一直提醒自己相信孩子，給她時間嘗試，不要勉強孩子活在自己的期待中。如今，詩艷已是讓人貼心信賴的大女生了！還趁著這波疫情開放觀光之際，火速安排我們家三個女生一起出遊東京，和妹妹商量鎖定吸引人的耶誕行程、和食……及一趟迪士尼樂園重遊。讓我充分享受女兒們出的主意與服務。

我們都曾經是青少年，或許也曾經是爸媽、長輩眼中那情緒難以捉摸、愛裝酷的「難搞少年」。理智上也知道進入青春期因為受荷爾蒙影響，暴怒、好爭辯、生活作息與飲食習慣改變等是常見現象，但是，現實生活中和青春期孩子互動時，多數父母還是無法完全理解他們的內心與真實的需求；更別說若孩子出現身心疾病、深陷憂鬱或焦慮情緒時，所顯現的許多症狀，那些更強烈、但很類似青春期受荷爾蒙影響的言行，對父母而言，「陪伴」更是難解的課題與挑戰。

隨著社會環境變遷，全世界罹患憂鬱症和焦慮症的人數也持續增加，年輕族群比其他族群更受影響。一篇發表於二〇二一年五月《美國醫學會期刊網路版》的研究指出，十二至十七歲青少年的重度憂鬱症發病率從二〇一一年的8.3%增加到二〇一六年的13%。僅有三分之一的青少年接受治療。另有研究指出，大約50%的精神疾病會在十七歲之前發生，儘早尋求治療非常重要。根據董氏基金會二〇二一年以全台國高中職生為對象進行的一項調查結果，青少年與父母親或主要照顧者關係越親密，快樂程度越高，壓力與孤單的感受程度越低。因此，父母是陪伴、引導青少年的重要影響者。

我們出版《成為他的好隊友：當孩子憂鬱和焦慮》一書，讓教師、家長了解現今兒童青少年面臨的常見心理疾病：憂鬱症與焦慮症會有那些症狀，對生活、學業上的影響，及如何幫助他們促進身心健康與改善負面情緒。同時希望能讓父母、師長看重與珍惜自己對孩子的影響力。

本書分享的憂鬱和焦慮青少年生活中面臨人際、課業、家庭關係等真實情況，例如當青少年依賴網路人際關係、起不了床無法上學、一考試就失常、無法與人社交互動、容易為大小事焦慮……等心情起伏與無助時的景況。書內描繪的情境與真實想法，能讓我們嘗試想像與體會憂鬱和焦慮情緒青少年的心聲與無助。我們也採訪了多位不同領域專家，包括心理學、教育學、兒少精神科醫師等，提供如何幫助兒童青少年改善負面情緒的建議，以及從預防教育著手，培養孩子的心理韌性。相信本書的豐富資訊必定能夠讓陪伴者獲得充分的啟發，給兒童青少年適宜的引導與援助。

我在閱讀書中多篇故事時，也再次明白陪伴青少年需要時間的必要性，這些孩子們都花了好些年調適情緒困擾，最終而康復；而他們身邊陪伴者的堅定支持、給予的時間，絕對是深具意義的影響要素。

就像是書裡小倩的故事分享，在長時間的罹病過程中，媽媽從來沒有放棄，總是留下能讓小倩知道「我們都可以等妳喔」、「我會陪你一起努力」的正向溫暖回應。不論是陪伴孩子度過青春期、或是陪伴情緒困擾的孩子，需要的時間長度也許都超乎我們的預期，但是，過程中我們可以設定好幾個起點，也能用不同的方式開始，堅定的陪伴，成為他的好隊友，終能看到撥雲見日的時刻。

當孩子憂鬱和焦慮

成為他的好隊友

總編輯／葉雅馨
審　訂／陳質采（衛生福利部桃園療養院兒童精神科醫師）
林家興（國立臺灣師範大學教育心理與輔導學系兼任教授）

採訪撰文／黃嘉慈、黃苡安、鄭碧君、許以恩
諮詢受訪／吳佑佑（宇寧身心診所負責人）
李筱蓉（宇寧身心診所臨床心理師）
李筑伃（台北市立景興國中輔導老師）
杜家興（衛生福利部嘉南療養院臨床心理師）
沈孟筑（臺北市立聯合醫院全觀心理健康中心諮商心理師）
林佳玲（新北市立板橋高中輔導老師）
陳質采（衛生福利部桃園療養院兒童精神科醫師）
陳秀蓉（國立臺灣師範大學教育心理與輔導學系教授）
陳玉芳（新北市立中和高中輔導主任）
黃雅芬（黃雅芬兒童心智診所院長）
黃琦棻（聖保祿醫院精神科醫師、宇寧身心診所兒童青少年精神科醫師）
黃湘怡（學校心理師）
（照姓氏筆畫順序排列）

執行編輯／戴怡君
校　　潤／呂素美
編　　輯／蔡睿縈
美術設計編排與插畫／林榆婷

發行人暨董事長／張博雅
執行長／姚思遠

法律顧問／廣福國際法律事務所

出版發行／財團法人董氏基金會《大家健康》雜誌
地　　址／台北市復興北路 57 號 12 樓之 3
服務電話／ 02-27766133#253
大家健康雜誌網址／ healthforall.com.tw
大家健康雜誌粉絲團／ www.facebook.com/healthforall1985

郵政劃撥／ 07777755
戶　　名／財團法人董氏基金會

總經銷／聯合發行股份有限公司
電　話／ 02-29178022 #122

出版日期／ 2023 年 1 月
定　　價／新臺幣 350 元

國家圖書館出版品預行編目(CIP)資料

成為他的好隊友：當孩子憂鬱和焦慮／
黃嘉慈，黃苡安，鄭碧君，許以恩採訪
撰文；
葉雅馨總編輯 --- 臺北市；財團法人董
氏基金會《大家健康雜誌》, 2023.01
面；　公分
ISBN 978-626-96921-0-1（平裝）
1.CST: 兒童心理學　2.CST: 兒童發展
3.CST: 親職教育
173.1　　　111020051